호모 인두투스
HOMO INDUTUS
입는 인간

호모 인두투스
HOMO INDUTUS
입는 인간

초판 1쇄 인쇄 | 2025년 11월 20일
초판 1쇄 발행 | 2025년 12월 01일

지은이 | 이다소미
발행인 | 박보영
펴낸곳 | 도서출판 해뜰서가

디자인 | 아르케 DnP

등록일 | 2023년 7월 28일
주소 | 서울시 강북구 도봉로 308, 8층 R804호
전화 | 070-4300-1861
팩스 | 050-4246-1861
이메일 | haeddle0120@naver.com

ISBN 979-11-985283-8-4 (03900)

ⓒ 이다소미
All rights reserved.

* 값은 뒤표지에 있습니다. 잘못된 책은 바꾸어 드립니다.

해뜰서가는 작가와 독자가 행복한 책을 만듭니다.
이 책의 모든 법적 권리는 지은이와 도서출판 해뜰서가에 있습니다.
저작권법에 의해 보호받는 저작물이므로
저자와 본사의 허락 없이 무단 전재, 복제, 전자출판 등을 금합니다.

호모 인두투스
HOMO INDUTUS
입는 인간

이다소미 지음

프롤로그

아름답다.

초등학교 5학년 무렵 어느 날, 언니들이 잠들기 전에 영화를 보여주었을 때 떠오른 단 하나의 생각이었다. 그 영화는 《바람과 함께 사라지다》였다. 비비안 리가 입은 드레스가 하나같이 아름다웠지만, 그중에서도 초록색 커튼을 활용해 만든 드레스는 지금도 잊혀지지 않는다. 어린 마음에 '이담에 크면 나도 저렇게 멋진 옷을 만드는 사람이 되어야지'라고 결심했더랬다. 디자이너라는 꿈을 꾸게 된 최초의 순간이었다.

옷이란 그런 것이다. 인류의 역사와 함께 탄생한 옷은, 맨몸에 대한 부끄러움과 외부 환경으로부터 보호라는 1차 목적을 가지고 있다. 그러나 옷의 의미는 그뿐이 아니다. 인류는 옷을 통해 자신이 어떤 사람인지를 드러내고자 했다. 자신의 신분, 욕망, 바람을 옷을 통해 표현했다. 옷을 보면 그 시대 사람들이 어떤 생각, 생활 습관, 문화를 가지고 살아가는지를 알 수 있었다. 그래서 프랑스 철학자이자 기호학자인 롤랑 바르트는 옷을 단순히 입는 것이 아니라 언어적 기호이자 의미 체계로 보았다. 옷은 인간이 자신을 표현하는 언어이자, 시대상을 보여주는 역사적 기록물이다. 인간이 만든 '도구' 중 이렇게 복합적인 얼굴을 가진 것이 또 있을까. 그래서 이런 의미를 담고자 라틴어를 활용해 입는 인간, 즉 '호모 인두투스(Homo Indutus)'라는 개념을 만들어냈고, 책의 제목으로 정했다.

패션 디자이너로 살아가다 이제는 옷을 가르치는 사람으로 살면서, 옷에 대한 인류사적 의미를 꼭 한번 이야기해 보고 싶었다. 옷을 만드는 사람이 옷을 기록할 때, 그 의미를 더 잘 전달할 수 있을 거라고 믿었기 때문이다. 전공자들끼리 나누는 전문적인 정보가 아니라, 대중이 옷의 사회적 의미를 생각해 볼 수 있도록 하는 책을 쓰고 싶었다.

이 책에서 다룬 역사적 사례들은 옷이 개인과 시대를 어떻게 대변하고 있는지를 잘 보여 준다. 척박한 환경에서 살아가는 유목민족의 바지, 고온건조한 이집트의 로인클로스, 절대 권력을 추구한 헨리 8세의 과장된 패션, 프리다 칼로가 즐겨 입은 멕시코 원주민 전통 복식, 앙드레 김이 현대에 되살린 한민족의 백의, 서양인들을 열광시킨 조선의 갓 등등 다양한 이야기를 따라가다 보면, 복식으로 표현된 시대정신을 명확하게 느낄 수 있다. 그래서 이 책은 그저 전공자를 위한 복식 정보가 아니라, 한 시대를 살아가는 사람들의 이야기이다.

인류학적으로 옷과 관련된 이야깃거리는 많고 많지만, 그중에서도 모두에게 공유할 만한 인상적인 사건을 내 주관에 따라 선택해 정리해 보았다. 오랜 역사일수록 용어 표현, 학문적 구분 등이 학자나 기관별로 다소 차이가 있었다. 모피의 경우, 2024년 논문을 작성하면서 정리했던 것을 기준으로 삼았음을 밝혀둔다. 또한 중세 회화 작품을 기반으로 한 글에서 실크 혹은 벨벳 옷감과 관련된 사실관계는 오늘날 명확하게 가려내기가 어려운 만큼, 여러 연구자들의 기록을 참고하고 내가 눈으로 관찰한 것에 따라 판단하여 기록한 것임을 아울러 밝힌다.

학창 시절부터 내 생각을 글과 스케치로 표현하는 걸 즐겼고 현재 강의를 하고 있으므로, 책을 쓰겠다고 자료를 정리하고 집필하는 과정은 자연스러웠다. 용기를 내어 썼지만 아직 성찰의 깊이가 턱없이 부족하다는 사실을 절감했다. 책장을 넘기는 독자들이 너그러운 마음을 가져주시기를 바랄 뿐이다. 독자들이 이 책을 재미있게 읽어주시고, 일상에서 문득 떠오를 법한 인상적인 내용이 있기를 소원한다.

차 례

프롤로그 4

01 인류 최초의 디자이너 12

02 스키타이 여왕의 고깔모,
   로마 장군의 붉은 깃털 투구 18

03 유목민족, 바지를 발명하다 28

04 최대한의 실용&최소한의 보호,
   이집트 노동자의 로인클로스 38

05 그리스에서 시작된 명품의 미학,
   드레이핑 49

06 동서양 문명 교류의 증인,
   북제 서현수 56

07 모피(1) : 생존을 넘어 사회적 지위의 상징으로 ······ 64

08 모피(2) : 권력과 부 그리고
   현대의 욕망 ······ 76

09 실크로드와 모피로드 ······ 85

10 십자군 병사들은 파우치에
   무엇을 담았을까 ······ 93

11 레오나르도와 보티첼리,
   두 거장이 남긴 것 ······ 102

12 과장된 패션을 즐긴 절대 권력자
   헨리 8세 ······ 109

- 13 메리와 엘리자베스,
  성격만큼 상반된 패션 스타일 ········· 118

- 14 루이 14세의 스타킹과 절대 왕정의 상관관계 ········ 127

- 15 마리 앙투아네트가 잘린 머리를 들고
  올림픽에 등장한 이유 ········ 135

- 16 외제니와 시씨, 낭만의 황후 드레스 ········ 145

- 17 스칼렛은 왜 허리를 조였을까 ········ 153

- 18 말 안장으로 시작된 명품계의 전설,
  에르메스 ········ 161

- 19 제1차 세계대전 때
  영국군을 지켜준 트렌치코트 ········ 169

20 혁명은 붉은 프리다를 입는다 177

21 샤넬과 스키아파렐리,
   세기의 패션 대결 186

22 화학 섬유 혁명의 그늘,
   프라다 열풍에 앞서 기억해야 할 것 195

23 미니 스커트의 그녀들,
   메리 퀀트와 윤복희 203

24 한민족의 백의 그리고 앙드레 김 213

25 악동 고티에의 별,
   마돈나의 원추형 브라 223

26 조선의 갓, 21세기를 사로잡다 230

에필로그 241

인류 최초의 디자이너

　인간은 대체 언제부터 옷이란 걸 입게 되었을까. 언제, 왜 입게 되었고 최초로 입은 옷은 무엇이었을까. 이에 대해 흥미로운 기록을 성경에서 찾아볼 수 있다. 바로 성경의 첫 번째 권 「창세기」 속 천지창조 이야기이다.
　아득히 머나먼 옛날, 사방이 흑암뿐이었을 때 신이 우주를 만들었다. 처음엔 빛을, 그다음엔 낮과 밤을, 그다음엔 창공을 만들어 창공 위쪽의 물과 아래쪽의 물로 나누고, 그다음엔 창공 아래쪽의 물을 한곳으로 모으고 육지를 만들었다. 육지엔 온갖 식물과 열매 맺는 나무가 돋아났다. 해와 달, 별이 만들어지고 바다엔 물고기가 헤엄치게 되었고, 하늘엔 새가 날개를 펼쳐 날았다. 여기까지 5일이 걸렸다.

여섯째 날 육지에도 온갖 동물이 생겨났다. 그러고 나서 신은 자신의 형상을 닮은 '사람'을 만들었다. 지구상의 다른 생명체들과 달리 유일하게 신의 형상을 따른 피조물이었다. 그렇게 탄생한 최초의 인간 '아담'은 신으로부터 부여받은 임무에 따라 온 세상을 다스리게 되었다. 신의 배려로 아담의 곁에는 '하와'라는 배필도 존재하게 되었다. 성경에 기록된, 인류 역사가 시작되는 순간이다.

인간은 지구상 숱한 생명체를 다스리고 생육하고 번성하며 땅을 보살피면 되는 것이었다. 곁의 배필과 손잡고 서로 사랑하고 아무 근심 걱정 없이 에덴동산을 누리면 되는 것이었다. 불행이 있을 리 없는, 보장된 해피엔딩. 그러나 우리가 알고 있다시피 아담과 하와는 주어진 해피엔딩에서 벗어난다. 바로 뱀의 형상을 한 사탄에 의해서다. 에덴동산 중앙에 있는 선악과를 따 먹으면 신처럼 될 수 있다는 유혹에 넘어가 하와가 먼저 선악과를 먹고 남편인 아담도 먹게 된다.

선악과를 먹자마자 눈이 밝아진 두 사람은 자신들이 벗고 있음을 깨닫게 되고 무화과 나뭇잎을 엮어 치마로 삼는다. 즉 성경에 따르면 인간이 입은 최초의 옷은 무화과 나뭇잎으로 만든 치마다. 그런데 신은 두 사람을 위해 '가죽옷'을 지어 입힌다.

> 여호와 하나님이 아담과 그의 아내를 위하여
> 가죽옷을 지어 입히시니라.
>
> —창세기 4:21

자신의 말을 따르지 않은 인간들에 대한 배신감과 괘씸함에 치를 떨기보다 옷을 지어 입힌 것이다. 그것도 직접. 하긴, 가죽옷은 무화과 나뭇잎으로 만든 치마에 비할 수 없을 만큼 튼튼하다. 따라서 인류 최초의 디자이너는 바로 신이다.

기독교에서 이야기하는 '옷다운 옷'은 가죽옷이다. 기독교는 가죽옷을 신의 사랑으로 해석한다. 자신을 배신한 인간을 향한, 변치 않는 신의 사랑. 그렇다면 신은 이미 무화과 나뭇잎으로 옷을 만들어 입을 줄 아는 인간에게 왜 굳이 가죽옷을 입힌 걸까. 여기에서 상상의 나래를 한 번 펼쳐볼 수 있겠다.

패션 디자인을 전공하고 오랫동안 이 업계에서 일하면서 인간이 옷을 입게 된 첫 번째 동기가 (성경에 묘사된 대로) 부끄러움이라는 것에 동의하는 마음이 든다. 옷과 맨몸에 대한 부끄러움, 이 상관관계는 오늘날까지도 유효한 주제이다.

또한 무화과 나뭇잎이 아닌 가죽옷으로 갈아입게 된 것으로 다른 동기를 유추하자면 위험으로부터 방어, 체온 보호가 있겠다. 맨살의 인체는 가죽옷을 입었을 때보다는 다치기가 쉬울 것이고, 낮밤 혹은 계절의 기온 변화에 취약할 것이기 때문이다. 만약 신이 가죽옷을 지어 입히지 않았다면 아담과 하와는 에덴동산에 쫓겨나 쉽게 다치거나 추위에 벌벌 떨었을 것이다. 어렵게 만들어 걸친 나뭇잎 치마는 쉽게 찢어지고 말았을 테니 말이다. 하지만 가죽은 그렇지 않다. 질기고 튼튼한 재질인 만큼 그들의 몸을 잘 보호해 줬을 것이다.

창세기의 선악과와 가죽옷 이야기는 종교적 의미를 넘어 복식사적으로도 유의미하다. 인간이 지구상의 다른 생명체보다 기능적으로 더 뛰어난 신체를 가진 게 아님에도 만물의 영장(靈長)이 될 수 있었던 건, 자신의 취약점을 도구로 보완해 낼 능력을 갖추고 있어서일 것이다. 인간이 사용하는 수많은 도구 중 옷은 태초부터 인간과 동행했고, 지금까지 유구한 세월을 함께하고 있다.

나는 신이 가장 환상적인 디자이너라고 생각한다.

I think God is the most fantastic designer.

−로베르트 카발리

02

스키타이 여왕의 고깔모, 로마 장군의 붉은 깃털 투구

　인류사에서 전쟁은 아주 오래전부터 나타났다. 인간은 외부의 위협으로부터 자신을 지키기 위해 무리를 지어 살았고 삶의 터전을 확보하기 위한 전쟁을 벌였다. 전쟁으로 인하여 국가는 쓰러지거나 힘을 얻고 기술이 발전하고 문화 교류가 이어졌다. 누군가는 전쟁을 통해 집단의 결속을 다지고 자기 존재감을 만천하에 떨치기도 했다. 숱한 변화가 전쟁을 거쳐 일어났기에 인류사적으로 필요악이라는 의미를 부여할 수 있다 해도, 수많은 생명이 빛을 잃은 비극이라는 점을 간과해서는 안 된다.

    기원전 6세기경, 오늘날의 우크라이나 남부와 카스피해 북쪽 초원 지대 그리고 중앙아시아 일부에 이르기까지 광범위한 지역을 지배한 민족이 있었다. 바로 스키타이(Scythians)이다. 스키타이는 이란계 유목민 집단으로, 흑해 북안에서 기원해 동쪽으로 중앙아시아와 알타이산맥 부근까지 세력을 확장하였다. 고대 그리스 역사가 헤로도토스는 저서 『역사(Histories)』 제4권에서 스키타이의 생활·전투·문화에 대해 상세히 기록하였다.

    스키타이의 전투력은 기마술과 궁술에서 비롯되었다. 말을 타고 달리며 적을 향해 활을 쏘아대는 유목민족은 다른 민족들에게 거대한 위협이 되기에 충분했다. 이들은 목재, 동물의 뿔이나 힘줄을 조합한 복합궁(Composite Bow)을 사용하여, 짧지만 강한 장력을 통해 먼 거리에서도 높은 관통력을 발휘할 수 있었다. 오랜 유목 생활로 달리는 말 위에서도 자유자재로 동작을 취할 수 있었기에 활을 쏘는 것쯤은 어렵지 않았다. 기동성과 공격력에서 당대의 강대국을 압도했으며, 이를 바탕으로 기원전 6세기경 페르시아 제국의 키루스 2세에 맞서 전쟁을 벌였다. 이때 스키타이 부족 연합의 지도자는 토미리스 여왕이었다. 바벨론 등을 정복하며 영토를 확장하던 페르시아 제국에게, 동북방의 부족 연맹과의 충돌은 당연한 수순이었을 것이다.

헤로도토스의 기록에 따르면, 전쟁의 포문은 키루스 2세가 열었다. 먼저 스키타이 연합의 여성 지도자 토미리스 여왕에게 혼인을 제안했다가 거절당한 후, 돌아가는 척하다가 기습 공격을 가해 여왕의 아들 스파르가피스를 생포했다. 아들을 무사히 돌려보내 달라는 부탁에도 불구하고 여왕의 아들은 자살하고 말았다. 포로가 된 후 자살했다는 설, 풀어주었는데 자살했다는 설 등이 있다. 많은 병사를 잃고 소중한 아들마저 잃어버린 토미리스는 절규하며 복수를 다짐했다.

토미리스 여왕은 곧 반격을 가해 키루스의 군대를 궤멸시켰고, 키루스는 전사했다. 토미리스는 그의 머리를 잘라 피가 가득한 가죽 부대에 담았고 이렇게 말했다고 전해진다.

"그대가 그토록 피를 원하더니, 원하던 만큼 마시라."

이 승리는 제국의 확장에 맞선 스키타이 부족 연합의 투쟁이자, 토미리스라는 여성 지도자의 리더십을 빛낸 사건으로 역사에 남았다.

스키타이 전사들은 어떤 옷을 입었을까. 전투에 임하는 만큼 효율성이 뛰어났다는 것이 특징이다. 특히 원추형 고깔모자는 스키타이 복식의 대표적 특징이었다. 1947년에 알타이산맥 파지리크 지역에서 고분(기원전 5~3세기)이 발굴됐는데, 이때 길이 60cm 이상의 펠트 소재의 고깔모가 발견되었다. 펠트란 동물 털을 압축해 만든 부드럽고 두꺼운 천을 말한다. 모자의 표면에는 붉은색과 금색 실로 장식된 동물 문양이 수놓아져 있었고 귀를 덮는 형태였다. 고깔모 끝에는 새 깃털이나 동물의 형상을 한 금속 장식이 부착되는 경우도 있었는데, 이런 장식은 멀리서도 착용자를 식별하는 데 도움이 되었다.

스키타이의 고깔모는 계급을 나타내는 상징이자 적

의 공격으로부터 머리를 보호하는 용도로 사용되었던 것으로 추정된다. 토미리스 역시 전투에서 이러한 모자를 착용했을 것이다. 또한 제사장이 제사를 드릴 때 착용하는 의례용으로 쓰였을 가능성도 있다.

스키타이의 전술은 경량 장비와 말을 활용한 기동전이었다. 그들은 철이나 동물 뿔 등을 재료로 한 비늘 갑옷, 부드러운 가죽 부츠, 무릎 길이의 바지 그리고 소매가 있고 엉덩이를 덮는 길이에 품이 넉넉한 튜닉(Tunic)을 입었다. 옷감은 주로 가죽과 양모였으며, 붉은색·황토색·검은색 등 자연 염료를 사용했다. 특히 붉은색은 용기와 복수를 상징하는 색으로, 전사의 투구·깃발·의복 장식에 자주 사용되었다.

이러한 복식 문화와 전투 양식은 동북아시아 지역에도 영향을 미쳤다. 5세기경 고구려 무용총의 수렵도 벽화에는 뾰족한 모자를 쓴 기마병들이 활을 쏘며 말을 몰고 있는 장면이 그려져 있다. 모자의 형태와 기마궁술 전투법은 스키타이-사르마티아 계통의 북방 기마민족과의 문화적 연관성을 시사한다.

북방 아시아의 유목민족이 고깔모를 쓰고 전장을 누볐다면 유럽의 로마에는 크레스트(Crest)가 장식된 투구가 있다. 크레스트는 말 갈기나 동물 깃털, 금속 재질의 투구 장식을 말한다. 고대 로마의 군인들은 금속 투구를 쓰고 갑옷을 착용하고 창이나 칼을 들고 전쟁에 나갔다.

로마 제국은 기원전 27년부터 1453년까지 이어진 대제국으로, 아우구스투스 황제가 즉위하면서 그 기나긴 역사가 시작되었다. 전성기 때는 유럽 대륙과 지중해 전역, 아시아 일부 지역까지 영토를 넓혔다. 영토를 넓혔다는 것은 그 나라의 군사력이 뛰어났다는 증거가 된다. 여러 나라와 민족을 제압한 로마 군단은 오늘날 많은 영화의 소재가 될 정도로 그 명성이 높았다. 또한 전쟁에서 승리한 장군은 대중적 인기를 얻어 정치 무대에서도 중요한 위치를 차지할 수 있었다. 스키피오 아프리카누스, 율리우스 카이사르, 마르쿠스 안토니우스 등이 그랬다. 로마 사회에서는 전쟁에서의 승리가 곧 정치 입문의 핵심 경로였으며, 장군의 크레스트와 군복은 군사 지도자이자 정치인의 상징이었다.

로마 군인들은 앞서 언급한 것처럼 금속 재질의 투구와 갑옷을 착용했다. 장비는 계급과 임무에 따라 세밀히 구분되었는데, 투구의 형태와 장식 역시 중요한 구분 요소였다. 로마 군인들이 쓴 투구는 갈레아(Galea)라고 불리며, 머리 전체와 뒷목, 양쪽 귀를 덮는 형태였다. 일반 병사들이 쓰는 투구의 상단에는 장식이 없거나 작은 깃털만 부착되었고, 반면에 장군과 고위 장교는 크레스트가 장식된 투구를 사용했다.

크레스트의 방향과 크기는 계급 식별의 핵심이었다. 일반 병사의 크레스트는 세로 방향(전후 방향)으로 부착되었고, 장군이나 백인대장(센투리오 Centurio; 80~100명으로 구성된 백인대를 지휘하는 대장)은 가로 방향(좌우 방향)으로 장착했다. 직급이 높을수록 크레스트 색깔이 눈에 띄고 크기도 컸을 것으로 추정된다. 특히 붉은색 크레스트는 권위와 승리를 상징하며, 전투에서 지휘관의 위치를 표시해 아군의 사기를 높이고 적에게 심리적 압박을 주는 기능을 했을 것으로 짐작된다. 사실, 전투에서 돋보인다는 것은 적의 표적이 될 수 있다는 뜻이기에 부담스러웠을지도 모른다. 그럼에도 지휘관의 존재감을 드러내고 부대 통솔을 원활하게 하고자 위험을 감수하고 착용하지 않았을까.

스키타이의 고깔모와 로마의 크레스트는 재질·형태·문화권은 달랐으나, 전장에서의 역할은 유사했다. 두 장식 모두 지휘관 식별·권위 표출·사기 진작·심리전이라는 기능을 수행했다. 스키타이는 펠트·가죽·금속 장식을 사용했고, 로마는 금속 투구 위에 말 갈기나 깃털을 얹는 방식이었다.

군인이 전쟁에서 착용한 모자나 투구는 단지 머리를 보호하는 데 그치지 않고 공동체의 위상과 착용자의 계급, 권위를 나타내는 상징이었다. 또한 같은 민족이라는 소속감과 일체감을 고취시키고, 죽음의 위협과 싸우는 심리적 방패와도 같은 역할을 하기도 했다. 나라를 위해 목숨을 바쳐 싸우는 군인들에게, 자신이 속한 집단을 기억시켜 주는 하나의 장치였던 것이다.

과거의 군인들은 영토 확장, 적의 침입으로부터의 방

어, 종교적 신념 등을 이유로 싸웠다. 그때에 비하면 전쟁이 줄었다 해도, 여전히 지구 곳곳에서 전쟁 소식이 들려온다. 군인들을 전장으로 내몰았던 대의명분이 아무리 근사하고 거대해도, 목숨을 잃은 게 아무렇지 않다는 사람은 없었을 것이다. 누군가가 다치거나 목숨을 잃으면, 당사자는 물론이고 그의 가족과 친척, 지인까지 고통을 겪는다. 지구 곳곳에서 발굴된 전쟁 유물 속에서 수많은 이들의 한과 눈물이 느껴졌다면 지나친 감상일까.

패션은 일상의 현실을 견디는 갑옷이다.

Fashion is the armor to survive the reality of everyday life.

―빌 커닝햄

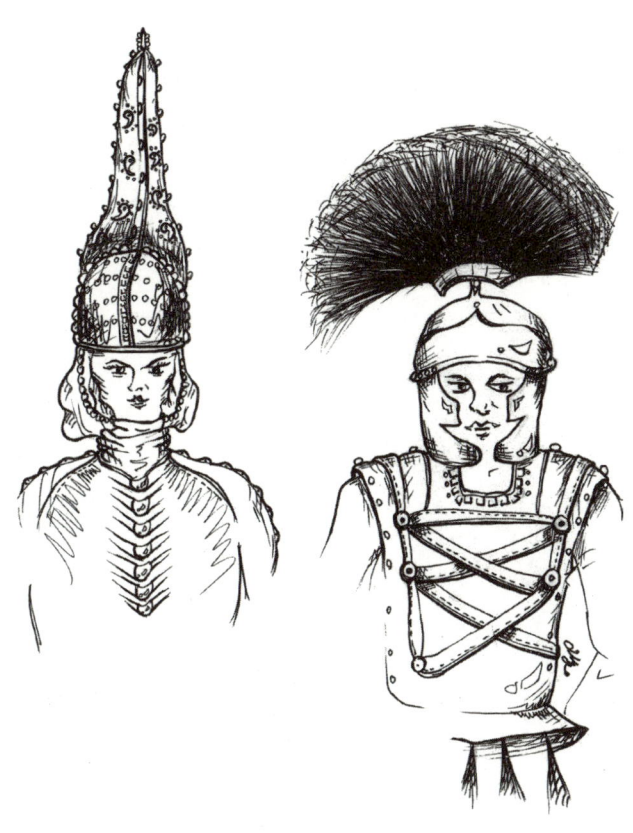

03

유목민족,
바지를 발명하다

 우리가 입는 옷 중에서 실용성이 가장 뛰어난 옷은 바지일 것이다. 동서양을 막론하고 각광받는 바지가 한때 '야만인이 만든 옷'이라며 배척당했다니, 퍽 아이러니하다.

 앞서 언급했듯이 인류가 입은 최초의 옷은 치마 형태였다. 남녀에 따라 길이를 조절해 입었을 뿐 본질적으로 남녀 복식의 차이가 크지 않았다. 점차 기술이 발전하면서 옷감의 질이 좋아지고 성별과 신분, 빈부 차에 따라 옷의 형태가 달라지게 되었다.

　인류사에 있어서 복식에 획기적인 변화가 있었던 것은 바로 바지의 등장이다. 바지는 영어로 팬츠(Pants)라고 부르지만 느슨하고 헐렁한 바지를 트라우저(Trousers)라고 부르는 등 다른 이름도 있다.● 몸에 옷감을 두르는 형태의 옷을 입던 인류에게, 체형에 좀 더 붙는 형태이면서 한 다리씩 넣어서 입는 바지의 등장은 획기적인 발명이라고 해도 과언이 아니었다.

　최초로 바지를 만든 민족은 흑해에서 중앙아시아 초원 지대, 동아시아 전반에 걸쳐 활동한 유목민족인 스키타이인들로 추정된다. 신장 위구르 자치구 지역에서, 기원전 13~10세기경에 사망한 것으로 추정되는 유골과 함께 양모로 된 바지가 출토되었다.●

　그렇다면 왜 스키타이인들이 바지를 만들었던 것일까. 유목인들은 인생 대부분의 시간을 말 위에서 보내기

● 정길선, "인류의 직립 보행으로 인해 두 다리를 감싸는 편한 복장, 바지(Pants)의 역사", 참한역사신문, 2022.8.16.

에 보온성과 활동성이 아주 좋은 옷이 필요했다. 상상력을 발휘하자면, 누군가 좀 더 편리한 옷을 입기 위해 옷을 재단하고 바느질을 한 끝에 만들지 않았을까. 바지의 탄생은 인류가 옷을 입게 된, 근본적인 이유에 부합한 진화라고 할 수 있다.

스키타이인들의 바지는 기원전 550~330년까지 존속된 고대 페르시아(이란)의 아케메네스 왕조에 전파되었다. 페르시아인들은 스키타이인의 기마 바지를 좀 더 발전시켰고, 그 덕분에 바지는 좀 더 장식적이고 화려한 형태로 변모하게 되었다.

페르시아인들이 바지에 관심을 가지게 된 이유는 자연환경에서 찾을 수 있다. 페르시아, 즉 이란 영토는 산으로 둘러싸여 있고 나머지 지역은 사막이나 황야로 이루어져 있어 농사를 지을 만한 비옥한 토지가 거의 없다. 호수가 많아도 염분이 높아 농수용으로 적합하지 않다. 기후는 지역별로 다양하다. 대륙성 기후, 사막성 기후, 산악성 기후, 지중해성 기후, 아열대 건조 기후 등이 모두 존재하는데, 대체로 건조하고 덥다는 특징이 있다. 기온의 연변화와 일변화가 크고 여름에는 기온이 높고 비가 거의 오지 않아 건조하며 겨울에는 기온의 하강이 심하지만 강수량은 여름과 마찬가지로 낮다. 한마디로 말해 극단적인 기후 속에서 고대 페르시아인들은 유목민으로 살았다. 인생 대부분의 시간을 말 위에서 보냈기에 보온성과 활동성이 아주 좋은 옷이 필요했다.

치마나 튜닉 같은 일체형 복식은 아열대성 기후에서 생활하는 사람들에게는 적합했지만, 유목민들의 빠른 이동과 격한 활동에는 한계가 분명했다. 바지는 양다리와 엉덩이를 정확하게 감싸 보호할 수 있는 형태인 만큼, 유목 전사(戰士)에게 기동성과 신체 보호를 동시에 제공할 수 있었다. 역사학자 헤로도토스는 그의 저서 『역사』에서 페르시아 전사들이 "머리에 펠트 소재 모자를 썼고, 갖가지 색깔의 튜닉을 입고, 다리는 (가죽) 바지로 보호했다"고 기록했다.

바지는 곧 페르시아군의 상징이 되었고, 페르시아 제

국의 확장을 통해 그 영향력이 동서로 빠르게 퍼져나갔다. 페르시아의 영향으로 백인계 유목민족인 유럽의 켈트족이 바지를 착용하게 되었는데, 이 모습은 유럽인들에게 큰 충격을 주었다. 중국 역시 바지를 입은 유목민족을 야만인으로 칭하면서 거부했지만 기원전 4세기경 치마에 바느질을 해서 바지를 만들어 군인들에게 입혔다고 한다.●

중국에는 전국시대 말기인 기원전 4~3세기경 북방 민족과의 접촉을 통해 전해졌으며, 전국시대 조나라 무령왕이 '호복기사(胡服騎射)'를 도입해 북방식 바지를 군사 복장으로 채택하고 말을 타고 활을 쏘는 전술을 받아들이는 개혁을 단행했다. 그 덕분에 군사력이 강해져 강대국으로 도약할 수 있었다.

고대 마케도니아의 알렉산드로스 대왕의 동방 원정은 바지를 헬레니즘 문화권으로 확산시켰지만, 정작 고대 로마는 이 복식을 '야만적'이라 여겼다고 한다. 로마

● 서미순, "옷차림으로 읽는 인류사", The Pingpong, 2016.12.6.

시민은 바지를 자유민이 아닌, 북방 이민족의 복식이라 생각하며 토가와 튜닉을 고수했다. 그러다 점차 바지를 받아들였는데 가장 먼저 바지를 착용하기 시작한 것은 군인들이었다. 몸을 보호하고 기동력 있게 움직여야 하는 군인에게 바지는 가장 실용적인 복장이다.

중세 유럽(5~15세기)에 들어서면서 튜닉이 유행했는데 이때 바지는 처음에 헐렁했다가 점차 다리에 밀착된 형태로 변모했다. 이후 16세기 중반에 스타킹(호즈)을 입고 허벅지 쪽을 풍성하게 부풀린 짧은 바지인 트렁크 호즈(Trunk Hose)를 덧입는 형태가 유행했다. 트렁크 호즈는 왕족과 귀족, 기사의 필수 아이템이 되었고, 평민들은 면이나 울로 만든 실용적인 긴 바지를 착용했다. 트렁크 호즈는 폭이 좁고 길이가 무릎 아래까지 내려오는 브리치즈(Breeches) 혹은 퀼로트(Culottes)로 변화했다가, 다시 짧은 바지 위에 치맛자락이 겹겹이 달린 형태인 랭그라브(Rhingrave)라는 하의로 변화한다. 신분이 높은 이들은 레이스와 자수, 리본으로 장식된 바지를 입고 스타킹을 신었다. 특히 당대 패션을 주도했던 태양왕 루이 14세 시절, 궁정의 남성들은 매끈한 다리 라인을 강조하는 스타킹과 바지를 통해 권력과 미학을 동시에 표현했다.

사실 역사적으로 존재했던 바지의 종류는 여기에 소개한 것보다 더 많고, 변천사 역시 시대적으로 명확히 구분되진 않는다. 중요한 점은 왕과 귀족이 화려한 복장으로 자신을 뽐낼 때, 서민들은 더없이 단순하고 실용적인 복장으로 살아야 했다는 것이다. 이처럼 신분에 의해 큰 차이를 보였던 바지의 형태는 1789년 프랑스 대혁명이 일어나면서 크게 흔들리게 되었다. 혁명군은 왕과 귀족의 사치스러운 무릎 바지를 거부하는 '상퀼로트(Sans-culottes)'를 선언했다. 민중이 입는 바지는 고급스러운 소재의 멋스러운 짧은 바지가 아니라, 험한 노동에 적합한 질긴 소재에 길이가 긴 바지였다. 민중은 평범한 일상에 적합한 바지를 저항과 평등의 상징으로 삼았던 것이다. 이 바지 형태가 시민 계층의 복식으로 정착해 오늘날까지 이어지고 있다.

 여성은 언제부터 바지를 입게 되었을까. 고대부터 여성은 아주 제한적으로 바지를 착용했던 것으로 보인다. 중세 유럽에서 여성의 바지 착용은 금기에 가까웠고, 심지어 1799년 프랑스 파리에서는 여성의 바지 착용을 금지한 조례가 제정되기도 했다. 다른 나라도 아닌 혁명의 나라 프랑스에서 말이다.

 1850년대에 이르러 미국의 여성 인권 운동가 엘리자베스 스미스 밀러는 경마, 체조 등을 할 때 여성이 입을 수 있는 바지를 고안했다. 블루머(Bloomers)라는 이름의 바지는 폭이 넓고 밑단을 고무줄로 조인 항아리 형태였다. 처음엔 인기를 얻었지만 보수주의자들은 전통에 어긋난다는 이유로, 여성 인권운동가들은 남성을 모방한다는 이유로 양쪽에서 공격을 받으면서 인기가 시들해졌다. 이후 스포츠를 즐기는 여성들이 늘어나면서 다시금 사랑받게 되었다.

 19세기 산업혁명은 바지가 대중적인 패션으로 자리

매김한 결정적 전환점이었다. 광부, 철도 기사, 제화공과 선원들에 이르기까지 모든 노동자들이 바지를 입었다. 이 시기 등장한 데님과 워크 팬츠는 산업의 발달, 그로 인한 노동자들의 땀방울을 상징했다. 그리고 20세기에 들어서 바지는 남녀 모두가 사랑하는 패션의 중심에 올라섰다.

그 선두에는 천재 디자이너 이브 생 로랑이 있었다. 그는 1966년, '르 스모킹(Le Smoking)'이라는 여성 턱시도 슈트를 발표했다. 르 스모킹은 턱시도의 프랑스식 이름으로, 남성들이 파티에서 담배를 피울 때 냄새가 배지 않도록 걸쳐 입었던 옷을 여성의 체형에 맞게 변형시킨 것이다.

여성 해방 운동이 펼쳐지고 사회적 통념이 뒤바뀌는 시기에 등장한 여성 턱시도는 그야말로 혁신적인 시도였다. "여성이 자신의 옷 속에 당당하길 바란다"는 그의 철학을 표현한 것이었다. 파격적이라는 평가와 함께 르 스모킹에 대한 거부감을 표현한 이들도 있었으나, 여성을 당당하고 주체적인 존재로 표현했다는 점에서 여성들이 환호했다. 이브 생 로랑은 "여성에게 자유를 입힌 패션 혁명가"라는 평가를 받게 되었다.

바지의 변천사를 통해 인류 역사상 성별에 따른 역할론이 변화되어 온 것을 깨닫게 된다. 오늘날 바지는 청바지에서 하이 패션, 조깅 팬츠에서 와이드 트라우저까지 다양하게 즐길 수 있는 의복이다. 더 이상 남성의 전유물도 아니고, 성별 정체성을 뛰어넘는 도구가 되었다.

앞으로 바지는 어떻게 변화할까. 수많은 사람들의 욕망과 필요, 상상력이 어우러져 발전할 것이기에 정확히 예측하긴 어렵지만, 중요한 건 사람의 의지를 속박할 도구는 그 어디에도 없다는 것이다.

04

최대한의 실용&최소한의 보호, 이집트 노동자의 로인클로스

 2016년에 개봉한 영화 《엑소더스: 신들과 왕들》은 성경의 인물 모세의 이야기를 담고 있다. 400년간 이집트의 지배하에 노예로 일하면서 신음하는 이스라엘 백성들을 구원하라는 신의 명령을 받은 모세가, 어릴 때 형제처럼 자랐던 이집트의 왕 람세스와 대결을 펼친다. 이스라엘 민족이었으나 이집트 궁정에서 자란 모세가 같은 민족이 핍박받는 모습에 충격을 받는 장면, 두 사람의 대립, 성경에서 읽었던 열 가지 재앙, 바다가 갈라지는 모세의 기적이 실사화된 것이 매우 흥미로웠다. 신에 대한 믿음이 부족했던 모세가 어린 소년의 모습을 한 신을 만나 민족을 구할 결심을 하는 것도 인상적이었다. 그래도 패션 전공자 입장에서 가장 눈여겨봤던 건 역시 등장인물들의 차림새였다. 왕족의 화려한 옷차림과 서민, 노동자의 옷차림이 참 대조적이었다.

이집트의 기본 복식은 로인클로스(Loincloth)로, 고왕국 초기부터 왕부터 서민에 이르기까지 남녀 모두 착용했다. 직사각형 린넨 천을 바느질 없이 허리에 두르고 끈으로 고정하거나, 씨름의 샅바처럼 옷감의 끝을 허리와 다리에 감아 고정하는 옷이다. 로인클로스는 인류가 만든 가장 원시적인 옷 형태로 평가되며, 통풍이 잘 되는 만큼 이집트의 덥고 건조한 기후와 고된 육체노동에 적합하다. 이집트뿐 아니라 동남아시아, 아프리카, 태평양 제도 등 무더운 날씨를 보이는 지역에서 공통적으로 활용되었다.

수천 년 전 이집트 사람들의 삶은 나일강과 함께 흘

렀다. 해마다 강이 범람하면 떠내려온 퇴적물, 넉넉한 물로 인하여 농토가 비옥해졌다. 농부들은 새벽부터 들판에 나가 밀과 보리 등을 경작했다. 상반신은 벗은 채, 허리에 거친 린넨으로 만든 로인클로스를 감은 것이 전부였다. 더위·먼지·벌레·자외선을 직접 견뎌야 했던 이들의 복식은 최대한의 '실용'과 최소한의 '보호'에 목적이 있었다. 이집트의 최하층민들은 천 조각 하나로 하루하루의 고되고 힘든 노동을 견뎌냈다.

피라미드 건설 노동자들 역시 로인클로스를 걸쳤을 가능성이 크다. 발밑의 모래가 뜨겁게 달아오르는 가운데 거대한 석재를 힘겹게 나르는 이들에게 최대한 간편한 옷이었을 테니 말이다. 머리는 대부분 밀거나 짧게 다듬었으며, 머리에 천을 두르거나 파피루스를 엮어 만든 투박한 덮개로 햇볕을 막았다. 물론 맨발로 걷는 것이 일상이었다. 야자수 잎이나 갈대잎으로 만든 샌들을 신는 경우도 있지만 대부분은 맨발로 다녔다.

로인클로스는 나중에 쉔티(Shenti 혹은 Shendyt)와 킬트

(Kilt)로 발전한다. 초기의 로인클로스보다 길이가 길어지거나 주름이 많이 잡히는 형태가 된다. 쉔티는 허리에서 시작해 무릎 위쪽까지 오는 길이의 스커트로, 기본형인 로인클로스를 입고 쉔티를 덧입기도 했다. 처음엔 남녀나 계급 구분 없이 사용되다가 킬트가 등장한 후 주로 하류층에서 착용했다.

킬트는 앞쪽에 주름이 잡힌 랩 스커트로, 길이가 무릎까지 오는 것과 발목까지 오는 것 등 길이가 다양했다. 킬트 역시 남녀와 계급 구분 없이 사용됐으나, 신분이 높을수록 장식을 덧대어 착용했다. 왕이나 왕족 남성들은 킬트 위에 주름 잡힌 형태의 패널 쉔도트(Shendot)와 태양의 햇살을 상징하는 삼각형 형태의 트라이앵글러 에이프런(Triangular Apron)을 걸쳤다. 이 두 가지는 금과 보석으로 장식되었다.

신분이 높아질수록 옷은 단순히 맨몸을 가리는 용도가 아니라 사회적 지위를 표현하는 상징이었고, 시대가 지나면서 점점 더 고급스럽고 섬세해졌다. 왕족과 귀족, 사제 등 고귀한 신분이 입는 로인클로스는 더 길고 통이 넓으며, 정교한 주름과 장식이 있고 때로는 색실 자수가 더해지기도 했다. 왕과 귀족은 로인클로스를 입은 후 핀턱(Pintuck)으로 주름을 잡았다. 핀턱이란 일정한 간격으로 천을 접어 고정하는 기법을 말한다.

린넨의 품질도 차별화되었는데, 상류층이 사용한 린넨은 거의 실크처럼 올이 얇고 섬세한 고급 원단이었다. 가죽을 그물처럼 엮어 짠 원단이나 울(Wool)도 사용되었다.

이집트 왕족과 귀족 여성들은 칼라시리스(Kalasiris), 쉬스 스커트(Sheath Skirt), T자형 튜닉(Tunic), 하이크(Haik) 등을 착용했는데, 이 중에서 T자형 튜닉의 디자인 형태가 오늘날까지 활용되고 있다. 이 옷은 몸 전체를 덮는 헐렁한 원피스로, 펼쳐놓았을 때 T자형이라 이런 이름이 붙었다. 커다란 천 중앙에 머리 구멍을 내고 반을 접은 뒤 옆구리와 소매를 바느질해 만들었으며, 천이 두 장일 때는 팔과 머리가 나오는 구멍을 빼고 어깨와 옆 부분을 꿰맸다. 소매는 길거나 짧은 것 다 존재했고, 허리띠로 옷을 고정했다. 남성용 튜닉은 한쪽 어깨만 걸친 것도 있었다.

신분이 높고 재산이 있는 이들은 화려한 장신구를 아낌없이 걸쳤다. 목에는 파시움(Passium; 시대적 구분이나 연구자에 따라 '브로드 칼라' 혹은 '우세크 칼라'라고도 한다)이라고 불리는 반원형의 넓은 목걸이를 걸고, 손목과 발목에는 특산품 보석으로 만든 팔찌와 발찌를 착용했다. 파시움은 여러 줄의 보석과 금속으로 만들어져 부와 권위를 자랑하는 수단으로, 남녀 모두 착용했다.

가장 흥미로운 것은 머리 장식이었다. 귀족들은 가발을 착용하고, 그 위에 향유와 밀랍으로 만들어진 왁스콘(Wax Cone)을 얹었다. 왁스콘은 원뿔 모양의 머리 장식으로, 헤드 콘이라고도 한다. 이집트 날씨가 너무 덥다 보니 이집트인들은 머리를 잘라버리고 대신에 가발을 썼다. 가발의 부피가 클수록 신분이 높다는 의미였다. 사치를 일삼는 멋쟁이들은 가발에 금실, 색실, 진짜 머리카락을 일부 섞기도 했다. 또한 여성들은 커치프

(Kerchief)라는 두건을 사용했는데, 왕족이나 귀족 여성들은 부드럽고 가벼운 린넨을, 계급이 내려갈수록 거칠고 투박한 린넨을 사용했다.

파라오는 어땠을까. 그 누구보다 가장 화려한 장식을 걸쳤다. 파라오는 머리에 두건 네메스(Nemes)를 착용했는데, 네메스의 중앙에는 뱀 머리와 독수리 문양 장식이 달려 있다.● 《엑소더스: 신들과 왕들》에서도 상반신을 노출하고 목에 커다란 황금 파시움을 착용하고 배와 팔 부분에도 역시 황금 장신구를 걸쳐 위엄과 권위를 나타낸 파라오를 볼 수 있다.

이집트인의 신발도 주목할 만하다. 하층민이 거의 맨발로 지냈던 것과 달리, 상류층은 가죽이나 파피루스, 종려나무 껍질 등으로 만든 고급 샌들을 신었다. 파라오의 샌들에 적국 왕의 얼굴이나 이름을 새기는 경우도 있었는데, 발로 짓밟으며 적을 제압하겠다는 의지를 다지

● 박길순·엄란이, "고대 이집트의 스포츠 복식 분석", 한국생활과학회지, 2019. Vol.28, No.5, pp.501–513.

기 위해서였다. 투탕카멘의 피라미드 부장품 중에 나무와 가죽으로 만들어졌고 금박이 덧씌워진 샌들이 있는데, 발바닥 부분에 포박된 노예들의 모습과 이집트의 적을 상징하는 활이 표현돼 있다.

고대 이집트는 왕을 신격화했던 만큼 왕이 적국 왕의 이름이나 상징물을 밟는 행위를 통해 국가의 번영을 기원했음을 알 수 있다. 왕실 행사, 사교 모임, 의례나 장례식 등 신분 과시가 필요할 때는 보석과 황금 장식 샌들을 착용했다. 투탕카멘의 무덤에서 출토된 황금 조리 샌들이 실용적으로 보이진 않는다. 왕은 걸어 다닐 일이 없었고 권위를 드러내는 게 중요했으므로 이런 샌들을 신는 게 가능했을 것 같다.

고대 이집트 복식은 접기·감기·묶기 방식을 사용한 것이 특징이다. 이러한 제조 방식은 공기를 잘 통하게 하고 활동하는 데 불편함이 없어, 이집트의 고온건조한 환경에 적합했다. 플리츠(주름), 드레이프(자연스러운 옷 주름), T자형 튜닉, 샌들, 린넨 소재 등 이집트 복식의 특징은 중세와 근대를 이어 오늘날 패션까지 영향을 미치고 있다.

고대 이집트의 가장 대표적인 원단은 린넨(Linen)으로 아마(亞麻)의 줄기 껍질에서 뽑아낸 것이다. 아마는 인류가 처음 옷을 만들 무렵 사용되었던 식물 소재로 알려져 있다. 이집트뿐 아니라 유럽, 중국, 인도 등 지구 곳곳에서 아마를 재배해 옷을 만드는 데 활용했다. 가볍고 통기성이 뛰어나 특히 무더운 날씨를 가진 지역에서 활용하기에 용이했다.

이집트는 나일강 덕분에 아마를 재배하기에 알맞은 토양을 가져서 품질 좋은 린넨을 생산해낼 수 있었다. 품질이 다양한 만큼 계급에 따라서 색감·투명도·질감 등을 달리해 입었는데, 최고급 품종은 왕족과 귀족이 사용했다.

고대 이집트인의 복식은 기후에 적응한 지혜이자 신분을 드러내는 수단이었고, 절대 권력자의 위엄의 표현이었다. 들판에서 곡식을 거두는 농민, 피라미드를 짓는 노동자, 신에게 제물을 바치는 제단 앞에 선 왕과 사제, 귀족들, 이들 모두가 각자의 자리에서 자신의 현실을 살아냈다.

    오늘날 박물관에 가면 눈이 부실 정도로 화려한 파라오의 황금 유물이 우리의 눈을 현혹시킨다. 그러나 이 유구한 역사를 지탱해 준 이들은 한 점 유물을 남기기 어려웠던, 헐벗은 노동자들이 아니었을까.

단순함이 최고의 세련됨이다.

Simplicity is the ultimate sophistication.

―레오나르도 다 빈치

05
그리스에서 시작된 명품의 미학, 드레이핑

 의상 제작 방법은 다양하다. 요즘 유행하는 봉제선을 없애거나 최소화하는 무봉제 기법, 마네킹이나 인체 위에 직접 천을 얹어 자르고 재봉하는 입체 드레이핑 기법, 2차원의 종이에 옷의 각 부분 디자인을 직접 그려 재단하는 평면 패턴 기법 등등 말이다. 방법이 어떻든 제작 기법의 목적은 인체 본연이 가진 매력을 잘 드러내는 것이다.

 여러 기법 중 인체의 아름다움을 드러내는 데 가장

뛰어나다고 생각하는 건 드레이핑 기법이다. 드레이핑(Draping)이란 마네킹이나 인체 위에 천을 직접 걸쳐 가며 형태를 잡는 디자인 기법으로, 실루엣과 주름, 볼륨을 직관적으로 조형할 수 있는 의상 제작 방식을 말한다. 고대 그리스와 로마 시대부터 있었던 방식이다. 좀 더 정확히 설명하면 그리스의 의상 제작 방식이 로마로 이어졌다고 할 수 있다.

고대 그리스의 드레이핑 복식에 대한 구체적인 문헌 기록을 찾기가 쉽지 않지만, 현재까지 남아 있는 조각상, 도자기 회화, 벽화 등 유물을 통해 당시의 복식을 제법 정확하게 알 수 있다.

학창 시절 미대 입시 미술 학원 선생님이 보여 준 서양 미술사 자료를 보고 입이 벌어질 정도로 감탄했던 기억이 있다. 신들의 왕 제우스, 바다의 신 포세이돈, 전쟁의 신 아레스 등 남성 신은 근육질의 체형으로, 신들의 여왕 헤라, 사랑의 여신 아프로디테 등등 여성 신들은 부드럽고 풍만한 몸매로 표현돼 있었는데, 드레이핑으로 만들어진 의상은 그들의 아름다움을 드러내는 데 더할 나위가 없었다. 특히 파르테논 신전 맞은편의 에렉테이온 신전에 있는 카리아티드(Caryatid)는 너무나 아름다웠다. 카리아티드는 고대 그리스 건축물에서 기둥 대신 건물을 떠받치고 있는 여인상을 말하는데, 그네들은 모두 천이 인체에 자연스럽게 휘감긴 드레이핑 기법의 의상을 착용하고 있다.

또한 기원전 7~5세기 무렵 만들어진 것으로 추정되는 그리스 도자기를 통해서도 그리스 복식 형태를 확인할 수 있다. 도자기에 표현된 인물들을 보면, 로마의 튜닉과 비슷하게 T자 형태의 그리스 의복 키톤(Chiton), 그리스 남녀 모두 입었던 겉옷 히마티온(Himation)을 입고 있다. 모두 재단 없이 커다란 직물을 몸에 둘러 입는 형태로, 드레이핑이 고대 그리스 복식의 주된 형태였음을 알 수 있다. 이러한 복식은 단순한 옷차림을 넘어 직물의 자연스러운 주름과 흘러내림을 예술로 승화시킨 고대 문명의 정수로 평가된다.

고대 그리스와 로마 복식의 아름다움을 나타내는 작품은 많지만, 특별히 여기서 소개하고 싶은 작품은 르네상스 시대에 이탈리아의 화가 라파엘로 산치오가 그린 《아테네 학당(The School of Athens)》이다. 바티칸 사도 궁전 내부의 방들 중에서 교황의 개인 서재인 '서명의 방'에 그려진 프레스코화로, 플라톤과 아리스토텔레스를 중심으로 양쪽과 아래쪽에 고대 그리스의 유명한 철학자들이 묘사돼 있다.

《아테네 학당》에 그려진 약 58명의 인물들은 거의 남성이고 한 명만 여성으로 추정되는데, 그녀의 이름은 히파티아다. 히파티아라고 직접 기록된 문헌이 있는 건 아니지만, 그렇게 주장하는 학자들이 있다.

그녀는 고대 그리스의 여성 수학자이자 철학자, 천문학자로, 여성의 사회 활동이 거의 인정되지 않았던 시기에 자신의 능력을 인정받은 보기 드문 인재다. 그녀가 수학자가 된 것은 역시 수학자인 아버지 테온의 영향을 받아서였다. 히파티아는 수학 교과서를 만들었고, 아버지와 함께 별과 행성의 고도를 측정하는 기구를 제작하

기도 했고, 철학 분야에서는 신플라톤주의를 완성했다고 한다.•

내 눈에 유독 그녀가 돋보였던 것은, 인물들 중 드물게 곁눈질로 정면을 바라보고 있고 유일하게 순백색의 옷을 입고 있어서다. 드레이핑 기법으로 풍성한 볼륨감이 느껴지는 긴 키톤에 히마티온을 걸친 것으로 보인다. 전해지는 바에 따르면 히파티아의 미모는 무척 뛰어났다고 한다. 아름답고 재능 있는 여성 학자의 인기는 높았을 것이다. 그녀는 학생들을 가르쳤고 대중의 존경을 받았지만, 정치적·종교적 문제로 잔혹하게 살해당했다. 뛰어난 실력을 갖춘 그녀가 마녀사냥을 당해 사망했다는 것을 알고 나니 그림 속 그녀의 모습이 애달프게 느껴진다.

르네상스 시대를 살았던 화가 라파엘로가 고대 알렉산드리아에서 활동했던 여성 학자 히파티아를 표현했던

• 이의진, "인류 최초의 여성 수학자 히파티아", 동아일보, 2023.3.10.

게 사실이라면, 그 이유는 그녀의 빼어난 지성에 대한 찬사이자 억울한 죽음에 대한 안타까운 마음의 표현이 아니었을까.

고대 그리스·로마 시대는 여름엔 덥고 건조했으며 겨울엔 비교적 온화하고 상대적으로 비가 더 왔다. 그래서 바람이 잘 통하고 몸에 달라붙지 않는 옷이 필요했다. 당시 옷 제조 기술의 한계가 있었지만, 그 시대 사람들은 충분히 미학적이고 실용적인 의상을 착용했다.

드레이핑 복식은 오늘날 패션 디자인에서 여전히 중요한 영감을 준다. 알렉산더 맥퀸, 크리스찬 디올, 오스카 드 라 렌타 등 수많은 명품 브랜드가 이 기법을 활용해 고전적인 미학과 현대적 감각을 결합한 이브닝 드레스를 제작하고 있다. 시간의 흐름에 따라 유행이 있기 마련이지만, 진짜 아름다움은 시대를 초월하여 존재한다.

우아함은 결코 사라지지 않는 아름다움이다.

Elegance is the only beauty that never fades.

―오드리 햅번

동서양 문명 교류의 증인,
북제 서현수

    차림새를 보면 그가 어떤 욕망을 가지고 있는지를 어림잡아볼 수 있다. 차림새를 통해 사람들이 공통적으로 추구하는 건 타인과의 구별, 남달라 보이고 싶은 욕망일 것이다. 자신의 매력을 드러내 다른 이들보다 구별되고 궁극적으로 사랑과 관심, 인정을 받고자 하는 욕망은 인간 본성에 가깝다.

    인간은 언제부터 타인과의 구별되는 삶을 추구했을까. 인류사적으로 본다면 청동기 시대부터라고 추정할 수 있다. 신석기 시대에 농경과 목축이 시작되면서 잉여 생산물이 축적되었고, 청동기 시대로 접어들면서 빈부 격차와 계급이 형성되었다. 많이 가진 자는 공동체에서 우위를 차지했고 그러한 자신의 신분을 다른 사람들에게 드러내기 위해 남다른 복식을 차려입었다. 옷과 모자는 물론이고 목걸이·반지·귀걸이 등 다양한 장신구를 통해 차별화를 꾀했다. 재력과 권력을 가진 이가 드러내고 싶어 하는 건 개인적인 매력에 더해 권력자로서의 권위와 공동체가 가진 힘일 것이다. 인류 역사를 보면 권력자들이 복식을 통해 힘과 권위를 드러낸 사례를 숱하게 찾아볼 수 있다.

 2002년 중국 산시성 문물고고연구소는 북제 시대 서현수의 묘에 대한 정식 발굴 조사를 시작했다. 북제(550~577년) 왕조는 불과 27년간 존재하고 단명했지만 고구려, 백제는 물론이고 서역과도 활발히 교류한 국가였다. 북제 화폐가 부여 왕흥사 터에서 발견된 바 있다.●

● 전홍철, "백제 연주문, 페르시아 문명을 말하다", 전북일보, 2017.4.26.

서현수의 묘는 산시성 타이위안 교외의 왕가봉묘군에 속해 있다. 2002년에 정식 발굴이 시작되었으며, 이를 통해 묘지명과 무덤 주인공이 밝혀지게 되었다. 정식 발굴 전에 이미 여러 차례 도굴을 당했음에도, 중국 고고학 10대 발굴에 속한다고 한다.

　서현수는 북제 왕조에서 부귀영화를 누린 고위 관리였다. 묘지명에는 서현수가 역임한 관직이 나열돼 있는데, 오늘날 국무총리급에 해당하는 관직을 모두 역임한 당대의 실력자라 할 수 있다.●

　서현수의 묘 무덤방 바닥은 지표면 기준으로 8.1m 아래에 위치한다. 묘실(墓室)로 통하는 묘도(墓道)부터 원색의 각종 벽화가 그려져 있다. 발굴 조사 당시 오랜 세월이 지났는데도 그 선명함을 유지하고 있어 많은 이들의 찬탄을 자아냈다.

　묘실 북쪽 벽에는 묘주 부부(서현수와 부인)가 앉아 있

● 김태식, "고구려의 이웃 北齊 벽화묘를 가다", 연합뉴스, 2010.8.22.

고 주위에 사람들이 늘어선 그림이 그려져 있다. 지붕에 장막이 늘어져 있어 가마처럼 보이기도 하는 곳에서 부부는 잘 차려진 밥상을 사이에 두고 앉아서 식사를 하고 있다.

양쪽에 늘어선 사람들은 비파를 연주하는 악공, 공작의 화려한 깃털이 달린 장대를 든 사람, 펄럭이는 깃발이 달린 장대를 든 사람, 거대한 일산(日傘; 햇빛을 가리기 위한 목적의 양산)을 들고 있는 사람 등등 각양각색이다. 묘실 서쪽 벽에는 기마 행렬이, 동쪽 벽에는 소가 끄는 수레 행렬이 그려져 있다. 신분이 높은 부부가 많은 이들을 거느리고 어딘가로 행차하는 모습으로 보인다. 벽화의 인물 중 상당수는 코가 유난히 크다는 점도 눈에 띄는데, 서역인을 그린 것으로 추정된다.

벽화 속 인물들의 복식은 한족적 요소와 호(胡)계, 사산 왕조(Sasanian) 스타일까지 뒤섞여 있다. 사산 왕조란 224~651년까지 존속한 이란제국과 그 왕조를 말하며, 페르시아인들이 세워 사산 왕조 페르시아라고도 한다. 벽화 속 인물들은 반령(盤領; 목이 적게 파인 둥근 깃)의 착수장삼(窄袖長衫; 소매가 좁은 상의)을 안에 입고, 그 위에 무릎 길이의 직령포(直領袍; 목부분 깃이 직선으로 된 겉옷)를 입었다.• 이는 북방 유목민들의 실용적인 복식에서 유래한 것이다. 이 옷차림은 활동에 적합하면서도 세련된 인상을 주며, 당시 북중국 지역의 귀족이나 고위 인사들이 즐겨 입었다. 특히 주목할 점은 옷에 있는 장식 무늬인데, 허리띠나 옷깃, 옷단 등에 등장하는 연속된 구슬 무늬나 기하학적 문양은 중국 전통 문양이라기보다는 사산 왕조 페르시아 때의 문양과 유사하다. 이는 단순히 외래문화의 모방이 아니라, 당시 북중국 지역이 실크로드를 통해 주변 지역과 활발히 교류하며 서로 다른 문화가 융합되고 있었다는 사실을 잘 보여 준다. 외부 문화를 수동적으로 수용한 것이 아니라, 다양한 문화 요소를 능동적으로 받아들여 새로운 복식 문화를 형성했음을 나타내는 중요한 증거이다.

• 안보연·홍나영, "북제 서현수묘 벽화 복식 연구", 한국복식학회지, Vol.66, No.1 (2016.1.) pp.122−134.

묘주인 서현수는 고급 어민(Ermine) 모피 외투를 걸쳤다. 어민이란 족제비과 동물로, 흰담비라고도 한다. 전신이 순백의 가늘고 긴 체형이며, 꼬리 끝이 검은색이다. 북아프리카 북부와 유라시아 전역에 걸쳐 산림지대, 덤불 등에서 서식한다. 러시안 세이블(Sable; 흑담비)과 같이 시베리아산이 최고 품종이다.

서현수가 걸친 어민 외투 겉면에 점무늬 장식이 있다. 이는 어민의 꼬리 끝부분의 검은 털로 만든 것으로, 이 외투 하나를 만드는 데 최소 수십 마리 어민의 꼬리털이 사용되었을 것이다. 서현수는 목에도 회색빛 모피를 둘렀다. 형태상 밍크과 동물 혹은 은빛 여우(Silver Fox)로 추정되며, 목의 좌우에 모두 꼬리가 늘어져 있는 걸로 보아 두 마리의 가죽을 통째로 사용해 교차로 연결했을 것으로 보인다.

당시 북제는 실크로드의 길목에 위치하여, 병주와 낙양 같은 대도시를 통해 소그드 상인들이 활발히 오가고 있었다. 소그드란 중앙아시아 소그드니아를 근거로 하는 스키타이 계열 유목민족을 말한다. 그렇기에 서현수의 묘 벽화에 그려진 인물들의 옷차림을 살펴보면, 중앙아시아 소그드인 특유의 넓은 허리띠와 유목민족풍의 소매 처리, 실용적 주머니 장식 등 동서양 문화 융합이 자연스럽게 드러난다. 교통수단이 발달하지 않았던 시대라 해도 사방으로 탁 트인 육지와 바다를 통해 사람은 어디로든 갈 수 있었고, 그 속에서 문명이 꽃피우게 되었다. 자동차나 비행기 같은 교통수단을 이용하는 우리보다, 오로지 두 다리의 튼튼함을 믿고 거침없이 나아갔던 과거의 그들이 더 위대했을지도 모르겠다.

서현수는 불과 27년간 존속되었던 국가에서 그 능력을 인정받으며 화려한 삶을 살다가 생을 마감했다. 그가 누렸던 권력, 고귀한 신분은 옷차림에서 여실히 드러난다. 그가 걸쳤던 화려한 어민 코트를 만들기 위해 얼마나 많은 이들이 수고했을까. 과연 그는 죽음을 앞두고 자신의 조국이 불과 수년 후 멸망할 거라는 사실을 짐작했을까. 한 시대를 풍미하며 많은 사람들을 자기 발밑에 두고 호령했을 그가, 이제는 오래된 유적 속에서 모습을 드러낸다. 아무리 화려한 영광이라 해도 결국 빛이 바래기 마련이다.

권력이 10년을 가기 어렵다는 권불십년(權不十年)이라는 사자성어처럼, 혹 지금 어떤 힘이 있더라도 결국 지나간다는 걸 깨닫고 겸허함을 갖출 수 있기를. 이 땅의 모든 이들에게 꼭 필요한 지혜가 아닐까 싶다.

07

모피⁽¹⁾ : 생존을 넘어 사회적 지위의 상징으로

 인류 역사상 인간이 최초로 입은, '옷다운 옷'은 모피로 만들어졌다. 나뭇잎으로 만들기도 했지만, 모피는 그에 비해 보온성이나 내구성, 방수성이 뛰어나고 쉽게 찢어지지 않는다. 추위·상처·벌레·바람 등 모든 외부의 위협으로부터 몸을 보호하기 위해 적합했다.

 인류는 언제부터 모피로 옷을 지어 입었을까. 구석기 시대부터 동물 가죽을 활용했을 것으로 추측할 만한 흔적이 세계 곳곳에서 발견되고 있다. 그 예로 크로아티아

카프리나 유적의 네안데르탈인의 치아 마모 흔적, 모로코 콩트르방디에 동굴에서 발견된 동물 뼈 도구, 스페인 엘 카스티요 동굴 벽화와 함께 발견된 동물 뼈의 절단흔 등이 그렇다. 직접적인 증거인 가죽옷이 발견되지 않았지만, 동물 가죽을 벗기고 가공 과정을 거쳐 옷을 만들었을 거라고 추측할 수 있는 흔적들이다. 또한 동물 뼈나 뿔로 만들어진 바늘이 여러 선사시대 유적지에서 출토되었다.

우리나라에서도 구석기 및 신석기 시대 유적지에서 동물 뼈 및 가공 도구들이 발굴되었으며, 이를 통해 옷이나 막집을 만드는 데 동물 가죽이 사용되었음을 짐작할 수 있다. 강원도 양양 오산리 유적지에서는 동물 뼈와 긁개, 찍개, 뚜르개 등의 도구가 출토되었는데, 사냥한 동물의 가죽을 벗기고 뼈와 살을 해체하는 작업을 했음을 충분히 짐작할 수 있다.

모피는 인류가 자연과 싸우며 얻은 가장 실용적이고 의미 있는 결과물이었다. 사냥에 성공하여 동물을 얻었다는 것은, 곧 식량과 의복을 동시에 확보했다는 의미이다. 동물사냥으로 인해 먹고, 그 가죽을 취해 몸을 보호하면서 인류는 비로소 번성할 수 있었다.

추운 지역에 거주했던 민족들은 모피를 애용했다. 시베리아의 북방 민족들은 순록이나 여우의 가죽을 이용해 옷을 만들어 눈보라와 영하 40도 이하의 혹한을 견뎌냈다. 알래스카와 북캐나다, 그린란드 지역의 이누이트족은 오늘날 우리가 입고 있는 파카(Parka)의 원형을 만들었다고 알려져 있다. 파카는 바다표범·북극곰·늑대 등의 동물 가죽으로 만들어진 외투인데, 겉감과 안감을 따로 둔 겹옷 구조이고 엉덩이를 덮는 길이였다. 겉감의 털을 바깥쪽으로 향하게 해 매서운 바람을 막고, 안감의 털은 안쪽을 향하도록 해 체온을 보호했다. 가죽 면에 생선 기름을 발라 방수 처리를 했다.

파카라는 단어는 '동물 가죽'이라는 뜻의 네네츠족의 말에서 기원한다. 네네츠족은 러시아 북부에 사는 사모예드계 민족이다. 파카는 제2차 세계대전 때 미군이 겨울 외투로 파카를 입게 된 것을 계기로 대중화되었다.

인류가 정착 생활을 시작하고 집단 내 위계가 형성되면서, 옷은 단순한 생존 도구를 넘어 사회적 상징으로 자리 잡았다. 그 중심에는 모피가 있었다. 모피는 단순한 의복 소재를 넘어서, 집단 내 권력 그리고 하늘의 뜻을 대변하는 강력한 상징이 되었다. 모피가 그런 위치를 차지할 수 있었던 것은, 구하기가 어려워 귀했기 때문이다. 모피로 사용되는 동물은 100여 종에 이르며, 대부분은 여우·밍크·스컹크·담비·오소리 등의 식육류와 친칠라·다람쥐·명주쥐 등의 설치류에 속한다. 대체로 육식 동물의 모피는 튼튼하고, 초식 동물의 모피는 비교적 약하다고 할 수 있는데 바다표범·물개·비버 등은 내구성이 우수한 모피를 제공했다.● 동서양을 막론하고 은빛 여우(Silver Fox), 어민(Ermine), 링스(Lynx; 스라소니)는 왕이나 왕족 등 고귀한 신분을 가진 자만이 걸칠 수 있었다. 은빛 여우 모피는 몸체의 털이 검정과 흰색이라 전체적으로 진회색 빛이 난다. 어민은 흰색이고, 링스는

● 국사편찬위원회, 『한국문화사』, 2010.

흰색이나 아이보리 털에 갈색이나 검은 점박이 무늬가 있는 종류가 각광을 받았다.

고대 이집트에서 파라오는 자신을 태양신 라(Ra)의 대리자로 여겼다. 파라오가 금색과 검정 줄무늬가 교차되는 천에 뱀의 머리가 장식된 두건 네메스(Nemes)를 쓰고, 화려한 황금 장신구를 목과 팔에 착용하고, 표범이나 사자의 가죽을 어깨에 걸치면, 통치자이자 신의 대리자로서의 위엄과 권위가 가득하다. 파라오의 모피는 신의 권위를 대리하는 통치자의 신성(神性)을 보여 주는 도구였다.

로마 시대에는 티리안 퍼플(Tyrian Purple)이라고 불리는 자색 빛깔 토가(Toga)와 함께 맹수 가죽을 걸친 황제들이 있었다. 커다란 천을 몸에 두르는 형태의 옷을 토가라고 한다. 마르쿠스 아우렐리우스의 아들로 로마 17대 황제 코모두스는 스스로를 헤라클레스라고 생각하며 사자 가죽을 두른 자신의 모습을 조각하도록 했다. 황제는 신격화된 존재로서, 자연과 인간 세계를 지배하는 절대 권력의 표시로 모피를 착용했을 것이다.

중세 유럽에서는 어민이 고귀함과 순결함의 상징으로 여겨졌다. 신의 대리자로서 가장 존경받는 위치에 있는 교황과 추기경은 팔꿈치까지 내려오는 짧은 어깨 망토인 모제타(Mozeta) 위에 어민 모피를 둘렀다. 오늘날 추기경과 교황 모두 검소함을 중요시해 모피를 잘 사용하지 않는 편이다.

어민은 귀한 가치를 가진 만큼 여러 왕들이 애용했다. 영국 에드워드 3세는 왕과 최상위 귀족만 어민을 사용토록 법으로 제한했고, 엘리자베스 1세는 자수가 수놓인 금빛 원단과 어민으로 만들어진 망토를 두르고 대관식을 치렀다. 이렇게 왕이나 황제가 공식 행사에서 착용하는 망토를 '제국망토'라고 한다. 그의 아버지 헨리 8세도 어민·세이블·링스 등의 모피로 만들어진 망토를 즐겨 입었다. 프랑스에서는 태양왕 루이 14세를 비롯해 15세, 16세 모두 공식 석상에서 모피를 착용했다.

현대에 들어서 가장 가까운 예는 영국의 찰스 3세이다. 그는 2023년 대관식을 올렸는데, 그때 금색실과 금도금으로 만들어진 로브와 제국망토를 입은 후 그 위에 어민 망토를 둘렀다. 로브는 품이 헐렁하고 소매가 있으며 상하의가 하나로 된 가운을 말한다. 어민 망토의 겉면에는 어민의 꼬리 끝부분의 검은 털로 점무늬 장식이 되어 있다. 대관식 때의 복식은 찰스 3세의 할아버지인 조지 6세가 1937년 대관식 때 입었던 것으로, 왕실이 근검절약의 모범을 보이는 차원에서 새롭게 제작하지 않았다고 한다.

한민족에게도 모피는 지배계층의 전유물이었다. 부여와 고구려는 활발한 수렵을 통해 모피를 확보하고 이를 의복으로 활용했다. 추운 지역이므로 왕과 귀족뿐 아니라 일반 백성들도 가죽이나 모피를 활용했을 것으로 추측된다. 다만 호랑이·표범 등과 같은 맹수의 가죽은 구하기가 어려웠으므로 왕족이나 귀족 등이 주로 사용했다.

백제는 어떨까. 『삼국사기』에 백제 고이왕이 정월에 흰 가죽띠와 검은 가죽신을 착용하고 정사를 보았다는 기록이 있다. 신라에서는 경문왕 시대에 당나라에 매를 수놓은 붉은 가죽과 새매를 수놓은 붉은 가죽을 각각 100쌍씩 보냈다는 기록이 『삼국사기』에 있어, 신라 때 가죽에 염색하는 기술이 있었음을 확인할 수 있다.● 신분에 따라 사용할 수 있는 모피, 가죽이 정해져 있었는데, 특히 자색 가죽은 고급품으로 취급돼 중세 유럽과 마찬가지로 고귀한 신분을 가진 이만 사용할 수 있었다. 유럽인들은 지중해 연안에서 잡히는 조개에서 염료를 채취했고, 우리 조상들은 지초(芝草) 혹은 자초(紫草)라 하는 식물에서 얻었다. 고려 시대에는 자초에 의한 염색 기술이 발달해 이 식물로 만든 염료로 염색하면 색이 기묘했다고 한다.●●

『고려사』 등을 보면 고려 시대에는 각종 무역이 다각

● 국사편찬위원회, 『한국문화사』, 2010.
●● 송명견, "[패션이 엮은 인류경제사] ⑬ 퍼플의 위력", 이코노텔링, 2023.4.25.

적으로 이루어졌으며, 호랑이·담비·곰·표범·수달 등 다양한 모피가 고려의 특산물로 해외에 수출되었음을 확인할 수 있다.

조선 시대는 유교 사회로 신분에 따른 복식 구조가 마련되었다. 모피는 의복이나 관모를 만드는 데 사용되었다. 모피 중에서 귀하게 취급된 것은 초피(貂皮)라고 불린 검은 담비 가죽이었다. 명나라에서 온 사신이 조선 정부에 초피를 공물로 요구할 정도로 귀했고, 암암리에 뇌물로 바쳐지기도 했다. 품질이 뛰어난 모피와 모직물은 왕이 신하들에게 내리는 하사품으로 사용되었다.

모피와 관련돼 부녀자들이 입는 초구(貂□)가 있었다. 초구란 담비 모피로 만든 갖옷으로, 이북 지방의 털배자 또는 갖저고리와 비슷한 형태라고 짐작된다. 조선 11대 중종 때에는 사치품으로 초구를 소유하지 못한 부녀자는 부끄러워 모임에 갈 수 없을 정도였다고 한다.● 재미

● 국사편찬위원회, 『한국문화사』, 2010.

있는 점은 조선 시대에 초피가 여전히 귀해도, 그 이전 시대보다는 수량이 더 많아진 것 같다는 것이다. 그래서 일반 백성들 사이에서 초피가 유행해 여러 차례 금지령이 내려지기도 했다.

모피는 인류가 삶을 영위하던 모든 곳에서, 비슷한 사회적 의미를 가지고 발전해 왔다. 아득히 먼 옛날에는 거친 환경으로부터 인간을 지켜주던 생존 차원에서의 모피가 존재한다. 튼튼한 재질, 뛰어난 보온성 덕분에 인간은 몸을 보호하고 터전을 점차 넓히며 살아갈 수 있었다.

그러다가 사회가 발전하면서 모피는 가진 자들의 전유물로서 사치와 아름다움, 권위의 상징이 되었다. 돈과 권력이 있는 자들은 모피를 차지할 수 있었고, 그렇지 못한 다수는 모피를 걸친 이를 절대 권력자로 우러러보았다. 만약 절대 권력자가 자신과 그 일가의 행복에만 몰두하게 되면, 그가 걸친 모피는 경외심의 대상이 아닌 증오의 대상이 되었을 것이다. 모피처럼 사람의 다양한 감정을 자극하는 소재가 있을까. 모피가 가진 다양한 얼굴에 감탄이 나올 뿐이다.

우아함은 튀는 것이 아니라 기억되는 것이다.

Elegance is not standing out, but being remembered.

—조르지오 아르마니

08

모피⑵ : 권력과 부
그리고 현대의 욕망

　모피는 권력과 부의 정점에 선 자들만이 걸칠 수 있었고, '움직이는 권위'의 상징이었다. 동서양을 막론하고 왕족과 귀족 등 신분이 높은 사람들은 담비, 링스(스라소니) 같은 희귀한 모피로 자신들의 지위를 시각화했다. 그러다가 20세기에 들어서면서 산업과 기술의 발전은 모피를 전혀 새로운 방식으로 소비하게 했다.
　1900년대 초, 모피 봉제 기술은 비약적인 발전을 이루었다. 특히 미국에서 모피 봉제 전용 재봉틀이 개발되면서, 털을 살리고 가죽을 되도록 상하지 않게 하면서 튼튼하고 정확하게 재봉할 수 있게 되었다. 그전까지는 손바느질만 가능했고 숙련된 기술자가 상당한 시간을 투자해 만들어야 했다.

1925년에 로마에서 탄생한 명품 브랜드 펜디는 본래 모피와 모피 액세서리 제품을 생산하는 업체였다. 모피를 하나의 예술 작품처럼 재해석하며, 패션 하우스의 중심으로 성장했다. 특히 여성성과 고급스러움을 재창조해낸 브랜드로, 이후 여러 런웨이에서 '모피의 미래'를 제시하였다. 오늘날 많은 명품 브랜드들이 천연 모피에 대해 '퍼 프리(Fur free)'를 외치며 인조 모피(에코퍼 혹은 페이크퍼)로 전향하는 분위기 속에서도 펜디만큼은 더욱 희소성 있는 모피와 디자인으로 고객들을 만나고 있다.

1920년대 미국의 명문 아이비리그 학생들 사이에서는 라쿤(Raccoon; 너구리) 코트 열풍이 불었다. 라쿤은 회갈색이나 짙은 회색빛 몸털, 검정과 황색 줄무늬가 교차하는 꼬리가 있다. 털이 풍성하고 길어 코트 소재로 각광받았고, 하버드·프린스턴과 같은 아이비리그 캠퍼스에서 라쿤 코트는 부유함과 젊음, 자유의 상징처럼 소비되었다. 부유한 백인 집안들끼리 모인 사교계로 입성하기 위한 필수 아이템이었으며, 당시 재즈 시대의 낭만주의와 맞물려 남성 패션을 크게 변화시켰다. 이때의 코트가 오늘날까지 우리가 입는 롱 모피 코트의 원조라 할 수 있다. 1920년대를 풍미했던 라쿤 코트는 1930년대 경제 대공황이 닥치자 인기가 시들해졌다.

수많은 모피 중 가장 선호도가 높은 것은 밍크이다. 밍크는 족제비과 동물로, 털이 짧고 부드럽고 광택이 난다. 다른 모피에 비해 가볍고 가죽이 질겨 선호도가 높다. 모피 소재로 사용되는 밍크는 야생 밍크와 사육 밍크로 구분되는데, 의류용으로 사용되는 밍크는 모두 수의사와 사육사들에 의해 동물 윤리적으로 키운 사육용 밍크이다.

밍크는 생식 지역과 양식, 성별에 따라 털의 색감이 다르다. 밍크 모피 중에서 가장 인기가 높은 것은 오묘

한 은회색의 사파이어 밍크(Sapphire Mink)이다. 사파이어 밍크는 1930년대에 사육 밍크의 인위적 교배로 탄생했는데, '은빛 돌연변이'라는 별명으로 불리며 밍크의 대중화에 큰 역할을 했다. 제2차 세계대전 이후 전 세계 오트 쿠튀르 디자이너들에게 큰 사랑을 받으며 가장 귀한 모피 중 하나로 자리 잡았다. 우아하고 차분한 분위기 때문에 유명인들이 선호하였고, 오늘날 여러 브랜드에서 같은 디자인 중 가장 비싼 가격을 유지하고 있다.

사파이어 밍크를 사랑한 유명인 중에 일본의 미치코 상왕후가 있다. 그녀는 아키히토와의 약혼식 전 일왕 부부에게 인사를 갈 때 흰색 원피스를 입고 그 위에 검은색 밍크숄을 둘렀고, 결혼 후 왕실 행사 참여 시 사파이어 밍크숄을 착용한 모습이 포착되며 화제가 되었다. 화려한 색감의 의상을 배제하고 모노톤의 의상에 밍크숄을 매치시킨 것은 왕실의 위엄과 품위를 나타내려는 의도였을 것이다. 모피라는 소재의 특징을 잘 살린 사례라고 할 수 있다.

미국의 전설적인 여배우 마릴린 먼로 역시 사파이어 밍크 애호가였다. 그녀가 사파이어 밍크 재킷이나 코트를 걸치고 쇼핑하는 모습이 언론에 곧잘 보도되었는데, 그녀의 섹시함과 고혹미를 드러내는 데 탁월한 아이템이었다. 밍크는 단순히 복식이 아닌 '할리우드 드림'으로서 여배우들의 사랑을 받았고, 많은 여성에게도 아름다움과 럭셔리함의 상징으로 동경의 대상이 되었다.

인류사와 늘 함께해 온 모피는 20세기에 들어 환경운동과 동물보호단체의 활동으로 사용 반대 여론에 부딪혔다. 모피를 얻기 위한 과정이 잔혹하여 생명 존중에 어긋나며, 모피 생산 과정에서 환경오염이 발생한다는 문제 때문이었다. 모피 제품을 착용하면 은근한 비난의 시선을 감당해야 했기에 디자이너들은 모피를 사용하지 않거나 대체할 만한 소재를 찾으려고 노력했다. 샤넬·구찌·베르사체·버버리·메종 마르지엘라·발렌시아가·알렉산더 맥퀸·아르마니 등 여러 글로벌 브랜드들이 환경과 동물 보호를 위해 힘쓰겠다며 '퍼 프리(Fur free)'를 선언했다. 이에 따라 에코 퍼 소재 개발이 활발해졌다.

    모피 대체 소재가 등장한 후 환경은 좀 더 좋아졌을까. 안타깝게도 그렇지 않다. 인조 모피는 합성 섬유로 제작되므로 환경 문제에서 자유롭지 못하기 때문이다. 합성 섬유는 자연 상태로 분해되지 않는다. 대표적 합성 섬유 중 하나인 폴리에스터의 경우, 하수처리시설에서 미세 플라스틱이 걸러지지 않아 바다로 유입된다고 한다. 2015년 섬유용 폴리에스터 생산을 통해 발생한 온실가스는 약 7억 5천만 톤으로, 석탄발전소 약 185개 가동량과 맞먹는 양이다.●

    천연 모피는 인조 모피에 비해 더 환경친화적인 소재이다. 천연 모피는 땅에 묻히면 수년 이내 생분해된다. 물론 제품의 안감을 합성 섬유로 사용하고 천연 모피를 세척·연화·염색 가공하는 과정에서 화학 물질을 사용하긴 하지만, 인조 모피처럼 전체가 다 화학 소재는 아니

● 홍수현, "인조 모피는 과연 천연 모피보다 '친환경'적일까?", 뉴스펭귄, 2021.1.15.

다. 지금 패션계가 주목하는 것은 근본적으로 환경에 위해가 되지 않을 방향, 즉 지속 가능한 패션이다. 이미 존재하는 옷을 리폼(Reform)이나 업사이클링(Upcycling)함으로써 새 제품 생산을 통한 환경파괴 그리고 폐기물을 최소화하는 것이 바람직하며, 모피와 같은 천연소재는 이에 매우 적합하다.

루이비통 2024 F/W 컬렉션에서 다리를 다 덮을 정도로 긴 모피 코트가 등장했다. 미우미우와 발렌시아가는 거대한 인조 모피 코트를 선보였다. 뉴욕 패션 위크 후 패션계에서는 '모피가 돌아왔다'며 당분간 모피의 유행이 지속될 거라는 반응을 보였다.●

그토록 비판적이었던 분위기를 뚫고 모피가 재등장할 수 있었던 것은, 인류사상 전통적으로 천연 모피는 부와 권력의 상징이었기 때문이다. 고대부터 지금까지 모피를 걸친 자는 동경과 부러움의 시선을 한 몸에 받을

● 안건호, "다신 볼 일 없을 줄로만 알았던 모피가 돌아왔다", 보그지, 2024.4.1.

수 있었다. 과거엔 왕과 귀족이 독점했고 오늘날은 경제적으로 여유가 있어야 살 수 있다. 의류를 제작하는 데 쓰이는 그 어떤 소재가 모피처럼 인간의 복합적인 욕망을 대변할 수 있을까. 모피가 가진 힘과 매력이 새삼 확인된 만큼, 더욱 환경친화적인 업사이클링 방법을 고안하고, 대체제 개발을 위한 창의성을 발휘할 때다.

패션은 꿈꾸는 것이고, 다른 사람으로 하여금 꿈꾸게 하는 것이다.

Fashion is about dreaming and making other people dream.

—도나텔라 베르사체

09

실크로드와 모피로드

오늘날 많이 쓰이는 단어 중 하나가 네트워크(Network)이다. 본뜻은 그물(Net)을 짜는 행위(Work)를 뜻하는데, 오늘날 여러 개체가 연결된 경로를 지칭하는 말로 사용되고 있다. 디지털과 인터넷의 발달로 지구의 반대편에 있는 사람과도 마치 옆에 있는 것처럼 교류할 수 있게 되었다. 그런데 이런 첨단 기술이 아니라 오로지 발로써 만들어진 교류망이 있다. 바로 실크로드와 모피로드이다. 이 두 가지는 아주 오래전부터 동서양이 교류했다는 걸 알려주는 증거이다.

비단길이라는 뜻의 실크로드(Silk Road)는 동서양을 이어주는 교역 통로를 말한다. 중국에서 중앙아시아, 서아시아, 유럽까지 이어지는 길로, 비단이 주요 교역품이었기에 후대에 실크로드란 이름이 붙은 것이다. 비단의 역사는 기원전으로 거슬러 올라간다. 전설에 따르면 황제 현원씨의 부인 서릉씨가 누에 고치에서 실을 뽑아낼 수 있다는 사실을 발견해 비단옷을 만들었다고 한다. 비단의 중국 기원설이 명확하게 입증된 건 아니지만 현재까지는 가장 많이 거론되고 있다. 서울 성북구 성북동에 있는 선잠단(先蠶壇) 터에서는, 과거 조선 왕조의 역대 왕비들이 잠신(蠶神)으로 추앙받는 서릉씨에게 제사를 올렸다.

비단은 중국에서 왕족과 귀족의 복식을 만드는 데 주로 사용되었다. 중국의 인접 지역으로 먼저 전파되었다가 기원전 약 2세기경 한나라 무제 때 중앙아시아를 넘어 유럽 지중해 인근까지 전파되었다. 이때 비단이 서양으로 전해졌던 무역로가 실크로드로 불리게 된 것이다.

수천 년 전 지금처럼 교통이 발달하지 않았던 시절, 걸어서 동양과 유럽이 접점을 이루었다는 사실이 놀랍다.

13세기 후반, 실크로드와 당시 시대상을 알려주는 책이 마르코 폴로가 쓴 『동방견문록』이다. 콘스탄티노플을 중심으로 활동하는 상인이었던 마르코 폴로는 이탈리아 베네치아에서 이란의 호르무즈 해협, 중앙아시아를 거쳐 중국 원나라에 도착해 황제 쿠빌라이 칸을 만났다. 그는 원나라에서 하급 관리로 일하면서 무려 17년을 지내다가 고향으로 돌아가게 된다. 돌아갈 때는 배를 타고 남중국해와 인도네시아 수마트라, 말라카 해협, 인도양을 거쳐 호르무즈에 도착했다. 어쩌면 마르코 폴로는 실크로드의 육상과 해상 양방향을 거친 유일한 사람이 아니었을까.●

그는 자신의 경험을 『동방견문록』이란 책으로 남겼다. 그가 직접 쓴 것은 아니고 잠시 포로가 돼 감옥에 갇혔을 때 같이 있었던 죄수에게 자기 경험을 말해 주었는

● 오연천, "동방견문록-마르코 폴로", 경향신문, 2020.3.20.

데, 그가 받아 적어서 책으로 만든 것이다. 마치 오늘날의 여행 유튜버처럼 아시아의 생활상과 문화, 그리고 실크로드를 따라 이어진 다양한 지역과 국가의 모습을 기록하여 유럽인들이 아시아를 이해하는 데 중요한 단서를 제공했다.

유럽으로 건너간 비단은 '실크'라는 이름으로 왕족과 귀족의 사랑을 받았다. 특히 18~19세기 유럽에서 실크는 유행의 중심에 서 있었다. 18세기 프랑스 귀족들 사이에서 로브 아 라 프랑세즈(Robe à la Française)라는 넓고 풍성한 스커트와 복잡한 주름 장식이 특징인 드레스가 유행했는데, 이 드레스의 고급스러움을 더한 것이 바로 실크였다. 또한 16~18세기에 이탈리아와 스페인에서는 킴카바(Kimcapa 혹은 Kincob)라는 무거운 비단 천으로 만든 드레스가 유행하기도 했다. 중국에서 수입된 화려한 자수가 들어간 실크는 유럽 상류층 여성들에게 필수적인 패션 아이템이 되었다.●

● 유경남, "동양의 비단, 서양 패션을 변화시키다…실크로드가 낳은 의복 혁신", 내외신문, 2024.10.3.

비단이 유통되는 경로가 실크로드였다면, 모피로드(Fur Road)는 모피가 유통되는 경로를 말한다. 모피는 실크보다 역사가 훨씬 오래되어 거의 인류 역사와 함께한다고 볼 수 있다. 주로 춥고 건조한 유라시아 대륙 북부에서 거주하는 유목민들이 체온 유지와 인체 보호를 목적으로 사용하였고, 동유럽으로 전파돼 실크와 마찬가지로 고귀한 신분을 가진 이들의 사랑을 받았다. 상류층은 이 고급 자재를 통해 자신의 부와 지위를 과시했다. 특히 족제비과의 한 종류인 블랙 러시안 세이블(Sable; 흑담비)은 그 당시 최고의 사치품으로 여겨졌고, 몇 마리만 잡아도 사냥꾼이 평생을 풍족하게 살 수 있었다. 모피를 얻을 수 있을 만한 동물인 담비·삵·링스(스라소니)·표범은 대개 인적이 드물고 한랭한 기후의 산속에서 살았다. 모피를 얻으려면 이렇게 사나운 육식 동물을 사냥해야 했으므로, 모피 자체가 귀했고 가격이 비쌌다.●

● 강인욱, "힘에 대한 갈망… 고대인도 모피를 탐냈다", 한겨레, 2019.4.5.

실크로드와 일부 겹칠 수 있으나, 모피 생산지와 실크 생산지가 구분되기 때문에 조금 다르다. 모피는 한랭하고 험악한 산지에서 생산돼 대도시에서 소비되었던 만큼 모피로드는 인적이 드문 곳에서부터 시작될 수밖에 없었다. 모피로드는 시베리아의 깊은 산림지대에서 시작해 시베리아 중부에서 러시아 극동 지역을 거쳐 유럽 북부로 이어진 북방 교역망이었다. 동쪽으로는 아무르강과 몽골 지역을 통해 청나라와 만주 일대로 연결되었고, 서쪽으로는 발트해와 스칸디나비아 등 유럽 북부 시장으로 뻗어 있었다. 모피로드가 처음 만들어진 것은 기원전부터일 것으로 추정되며, 국가 주도의 교역망 개념으로 정착된 것은 17~18세기로 보인다.●

고조선·고구려·통일신라·고려 등도 중국과 모피 교역을 했다. 특히 고조선의 모피는 소위 명품으로서 중국 제나라 상류층의 사랑을 받았다. 고려의 경우 송나라 외에 거란·여진·몽골·일본·대식국(大食國, 사라센 제

● 윤성학, 『모피로드』, 케이북스, 2021.

국) 등과도 교역 관계를 맺었는데, 주요 교역품 중 하나가 호랑이·수달·족제비 등의 모피였다.● 모피는 단지 의복이 아니라 동물의 힘을 얻고 일반 대중보다 우월한 존재가 될 수 있는 상징과도 같았다. 그래서 권력자들은 너도나도 모피를 걸치고 싶어 했다.●●

실크로드와 모피로드는 완주해 내기에 녹록지 않은 길이었다. 황무지와 사막을 거쳐야 하는 기나긴 여정이 안전할 리 없었다. 도중에 강도를 만나 짐을 빼앗기거나 목숨을 잃는 경우도 많았다. 그럼에도 길을 가야 했던 것은, 생계를 위해서였다. 지배층은 실크와 모피를 소유하고 싶었고, 상인들은 생계를 이어가야 했다. 욕망과 절실함이 뒤엉켜 실크로드와 모피로드가 존재할 수 있었다.

또한 실크로드와 모피로드를 통해 전파된 것은 실크와 모피만이 아니었다. 종교·사상·문화·기술이 전파될

● 국사편찬위원회, 『한국문화사』, 2010.

●● 강인욱, "힘에 대한 갈망… 고대인도 모피를 탐냈다", 한겨레, 2019.4.5.

수 있었다. 교역로가 중요했기에 강대국들은 이를 장악하기 위해 힘을 쏟았고, 성공하면 패권을 거머쥘 수 있었다. 오늘날 디지털 네트워크로 인해 문화 교류가 이뤄지고 기술 강국이 세계의 패권을 거머쥘 수 있는 것과 유사하다. 언제나 그렇듯 과거와 현재의 역사는 공통점이 있다.

십자군 병사들은
파우치에 무엇을 담았을까

 종교는 본질적으로 인간의 영혼을 위로하고 정서적으로 큰 도움이 된다. 그런데 바로 그 종교 때문에 수백 년간 전쟁이 이어졌던 시기가 있다. 바로 중세 시대의 십자군 전쟁이다. 십자군 전쟁은 1095년부터 1291년까지 200년 가까이 이어졌는데, 로마 가톨릭 교황청의 공인을 받은 원정대와 이슬람 군대 간의 군사적·종교적 충돌이자, 동서양 문명 교류의 중대한 분기점이었다.
 끊임없는 외부 세력의 침략으로 골머리를 앓던 동로

마 제국 황제 알렉시오스 1세는 이슬람을 믿는 셀주크 튀르크에게 빼앗긴 영토를 회복하기 위해 지원을 요청하였고, 당시 교황 우르바누스 2세가 1095년 클레르몽 공의회에서 성지 예루살렘 탈환을 호소하면서 1차 십자군 원정이 시작되었다. 얼핏 보면 성지를 지키기 위한 싸움처럼 보이지만 로마 교황청은 교황권을 강화하고 영향력을 확대하고자 하는 의도가 있었으며, 전쟁에 참여한 유럽 여러 국가 귀족들은 영토 확장의 야욕이 있었다.

그러나 전쟁에 참전한 일반 병사들은 신앙심 때문에 참여한 경우가 적잖았을 것이다. '성지 예루살렘 탈환'이라는 종교적 명분은 기사와 병사, 상인, 성지 순례자가 대규모로 동방으로 향하는 계기가 되었다. 이들은 신앙심을 표현하기 위해 십자가를 몸에 지녔고, 십자가를 옷이나 방패에 그렸다. 이 때문에 십자군이라고 불렸다. 먼 길을 떠나는 만큼 병사들은 필요한 소지품이 담긴 가방을 몸에 지녔다.

인류사상 가방의 역사는 아주 오래되었다. 가방의 역

사를 여성이 주도했을 것 같지만 남성으로부터 시작되었다. 고대의 남성들은 가방에 사냥도구를 넣고 다녔다. 1991년 오스트리아와 이탈리아의 국경을 이루는 알프스 산맥의 외츠 계곡에서 자그마치 약 5300년 전의 청동기 시대 남성 미라가 발견되었다. 그에게 발견 지역의 이름을 따서 '외치(Ötzi)'라는 이름이 붙여졌다. 매우 추운 날씨에 급속도로 냉동되었는지 보존 상태가 좋아 고고학계의 관심이 집중되었다.

외치가 걸친 의류는 일부 소실되었지만 곰 가죽 모자, 염소 가죽 바지, 양과 염소 가죽으로 만든 코트, 풀을 엮어 만든 망토 등을 착용하고 있었고, 가죽 가방을 지녔다. 가방 안에는 칼, 뼛조각, 사슴뼈 바늘, 끈 등 사냥에 필요한 도구가 들어 있었다. 이처럼 고대인들은 동물의 가죽이나 방광, 신장 등을 이용해 물과 음식, 도구를 담는 주머니를 제작했다.

그리스와 로마 시대 남자들은 허리띠에 작은 손가방을 달아서 열쇠·지갑·빗·칼을 넣고 다녔다. 당시엔 주머니 달린 옷이 없었다. 그리스에서는 '숨기다' 혹은 '가죽'을 의미하는 비르사(Bursa)라는 이름의 작은 핸드백이 있었다.• 로마의 사쿠스(Saccus)는 동전과 귀중품 보관에 쓰였고, 종교 의식에서도 사용되었다. 거친 린넨 천으로 만들어져 곡물이나 밀가루를 담았던 큰 자루나 부대도 사쿠스라고 불렀다.••

십자군 병사들도 마찬가지였다. 알모너(Almoner)라는 이름의 가죽 주머니에 십자가를 비롯해 물병, 간단한 간식 등을 넣었다. 알모너는 오늘날의 파우치(Pouch)와 유사한 형태로, 남성들은 이 가방을 허리에 차거나 어깨에 멨다.••• 사막의 모래바람과 지중해의 습기, 산악 지역의 한랭한 기후를 견디려면 내구성이 좋아야 하고, 전투에 임하는 만큼 무게가 너무 무거워서는 안 되었을 것이다. 그래서 주로 가죽으로 만들어졌다. 또한 파우치에 작은 십자가를 넣는 풍습은 단순한 신앙 표현을 넘어 전쟁에

• 베탄 패트릭 외 2인, 『1%를 위한 상식백과』, 써네스트, 2014.
•• '사쿠스(Saccus)', 온라인 라틴어 사전.
••• 송혜진, "핸드백이 여인을 자유롭게 하리니…", 조선일보, 2011.6.8.

서의 승리와 안전한 귀환을 기원하는 행위였다.

전쟁 후에도 남성들은 알모너를 사용했는데 돈이나 향수, 손수건 등을 넣고 다녔다. 여성들도 향수나 손수건을 휴대하는 용도로 사용했다. 13세기 중반 이후에는 귀족들 사이에서 실크와 벨벳에 금실 자수를 넣은 디자인이 유행하기도 했다. 신분이 높은 이들일수록 가방의 크기가 작았고, 신분이 낮을수록 휴대용품이 많았기에 크기가 컸다.

중세 시대 가방 유물 중 유명한 것이 코톨드 백(Courtauld Bag)이다. 금속 재질로 14세기 이라크 북부도시 모술에서 만들어졌으며 상류층이 사용했을 것으로 추정된다. 주 재질은 구리와 아연의 합금으로 황금빛을 띤 브라스(황동)이고 금, 은으로 장식된 것이 특징이며, 현존하는 가장 오래된 핸드백 유물로 평가된다.

18세기가 되어서 주머니가 달린 남성복이 등장하면서 알모너는 여성 전용이 되었다.● 산업혁명이 일어나

● 이승훈, "일상문화 속 교회 이야기-핸드백", 가톨릭신문, 2015.6.16.

면서 수작업으로 제작되던 가방은 대량 생산 시대를 맞이하였다. 허리에 매는 가방은 '패니팩(Fanny Pack)'이라고 불리며 남녀를 불문하고 착용하였고, 주로 운동이나 여행을 할 때 사용되었다.

가방에 획기적인 변화를 시도한 것은 에르메스였다. 1916년경 에밀 모리스 에르메스는 사업차 캐나다에 갔다가 캐딜락 자동차 지붕에 있는 지퍼를 발견하고, 프랑스에서 의류와 가죽 제품에 적용할 독점적 권리를 확보한 후 지퍼를 단 가방을 만들었다. 그동안 버클이나 끈, 덮개 등으로 입구를 고정했고 물건이 쏟아지는 불편함이 많았던 터라 지퍼를 단 가방은 큰 인기를 끌었다. 지퍼를 달아 입구를 튼튼하게 봉쇄한 최초의 가방 '볼리드(Bolide)'의 탄생이었다.

한편 샤넬은 1955년 파리 컬렉션에서 가죽과 금속 체인이 어우러진 줄이 달린 벨트 백(Belt Bag)을 선보였다. 남성 가방에 어깨끈이 달린 것처럼 여성의 가방에도 처음으로 어깨끈이 달린 것이다.●

21세기에는 십자군 시대 파우치의 전통이 럭셔리 패

선 아이템으로 재해석되었다. 구찌는 오피디아 벨트 백, 루이비통은 제로니모스·다뉴브를 선보였다. 오피디아 벨트 백은 가죽 벨트에 작은 가방을 달아놓은 형태이고, 제로니모스는 가슴에 둘러맨 직사각형의 작은 가방이며, 다뉴브는 군인 물병처럼 세로로 긴 형태의 작은 가방이다. 세 가방 모두 모노그램 캔버스와 가죽이 사용되었다.

이처럼 가방은 인류사에 따라 변화를 거듭하고 있다. 시대 변화에 따라 인간의 삶과 신앙, 사회적 지위를 표현하는 상징으로, 인간의 필요·욕망·기원·바람 등이 복합적으로 어우러져 있다.

십자군 전쟁 때 병사들의 모습이 표현된 당시 그림을 보고 있자면 처연함이 느껴진다. 십자군 전쟁은 성지를 탈환하자는 종교적 명분을 앞세워 시작되었지만, 그 밑바닥엔 지배계층의 욕망이 작동했다. 교황은 가톨릭의

- 송혜진, "핸드백이 여인을 자유롭게 하리니…", 조선일보, 2011.6.8.

영향권 확대를, 국왕이나 봉건귀족은 영토 확장과 부·명예를 얻을 기회를 꿈꿨다. 그러나 병사들은 파우치에 십자가를 담고 다니면서 신실한 신앙을 표현하고 간절한 마음으로 무사 귀환을 기원했을 것이다. 가방 속 십자가, 문득 신의 생각이 궁금해진다.

좋은 전쟁은 없었고, 나쁜 평화도 없었다.

There was never a good war or a bad peace.

-벤자민 프랭클린

레오나르도와 보티첼리,
두 거장이 남긴 것

　레오나르도 다 빈치와 산드로 보티첼리는 르네상스 시대 예술가이다. 레오나르도는 끈질긴 관찰과 과학적 지식을 바탕으로 인물의 사실적 묘사에 성공했다면, 보티첼리는 신화를 배경으로 한 상징적이고 이상적 세계를 구현한 것으로 알려져 있다. 동시대에 활동했지만, 서로 다른 화풍을 구현했기에 두 사람의 그림을 비교해서 서로 다른 매력을 발견하는 것이 매우 흥미롭다.
　먼저 레오나르도 다 빈치는 예술뿐 아니라 과학·천

문학·해부학·수학 등 다양한 학문에 능하고 심지어 요리사로도 활동한 천재였다. '다빈치 노트'라고 불리는 그의 기록을 보면 인류사상 그와 같은 천재가 다시 존재할 수 있을까 싶다. 그가 남긴 걸작 《암굴의 성모》, 《최후의 만찬》, 《흰 담비를 안은 여인》, 《모나리자》, 《살바토르 문디》 등은 지금까지도 많은 이들의 사랑을 받고 있다.

레오나르도는 다양한 지식이 풍부했던 만큼 과학적인 원리에 입각해 그림을 그렸다. 해부학을 깊이 있게 공부했기에 인물 묘사가 매우 사실적이고, 인물의 의상과 장신구도 마치 눈으로 직접 보는 것처럼 자연스럽게 표현되었다. 레오나르도가 개발한 기법으로, 색과 색 사이의 경계를 흐릿하게 하여 마치 연기처럼 부드럽게 표현하는 스푸마토(Sfumato) 기법이 매우 유명하다. 아주 얇은 유약층을 수십 번 쌓아 올려 붓질의 흔적을 감추고 입체감과 질감을 자연스럽게 표현했다. 《모나리자》의 신비로운 미소는 이 기법으로 인해 탄생할 수 있었는데,

입꼬리 부분에만 무려 20여 겹의 물감층이 존재한다.•
옷감 또한 여러 차례 색을 덧칠해 색상의 경계가 또렷하지 않고 자연스럽게 이어지도록 하여, 매우 깊이 있고 입체감 있게 표현되었다.

《모나리자》에서 눈여겨볼 점을 하나 더 꼽자면 인물이 입은 의상이다. 2005년 10월 프랑스 국립미술복원연구소는 《모나리자》에 대한 정밀검사를 실시했다. 그림에 덧칠된 물감층을 구분하기 위해 X-Ray 촬영을 했는데, 이를 통해 모나리자가 엷은 명주 망사로 된 속옷을 입고 있음이 드러났다. 그동안 우리는 두껍고 무거운 소재의 초록색 겉옷에만 집중했는데, 안쪽에 입은 속옷의 존재가 밝혀진 것이다. 이 속옷은 당시 출산을 앞두거나 막 출산을 한 여인들이 입는 옷으로, 그림 속 여인이 임신 중이거나 출산 직후일 거라는 추측을 가능케 한다.••

2006년에는 캐나다 국립과학기구 연구팀에 의해 새

• 김주삼, "모나리자의 신비로운 미소와 스푸마토 기법, 또 하나의 다빈치 코드?", 가톨릭평화신문, 2024.10.8.
•• KBS 다큐멘터리 《모나리자의 진실》

로운 사실이 추가로 드러났다. 모나리자가 아주 얇고 투명한 망사 천을 두르고 있다는 것이다. 이 망사 천은 16세기 초 이탈리아에서 임신부나 막 출산한 부인이 두르던 전형적인 형태라고 한다. 또한 여인은 머리를 풀어헤친 게 아니라 묶은 상태에서 일부가 삐져나와 있고, 머리에 얇은 베일을 쓰고 있다는 점도 밝혀졌다. 루브르 박물관 연구보존센터 브뤼노 모탱 박사는 머리에 쓴 베일이 임신하거나 갓 아이를 낳은 여인이 쓰던 '과르넬로(Guarnello)'라고 추측했다. •

모나리자가 누구일까 하는 것에 대해 오래전부터 많은 학자들의 연구가 이어져 왔다. 현재까지 가장 많이 거론되는 인물이자 루브르 박물관의 작품 설명을 바탕으로 소개하자면, 모나리자는 플로렌스의 직물 상인 프란체스코 델 지오콘도의 부인 리자 게라르디니로 추측된다. 결혼한 후 '라 지오콘도'로 불렸다. 귀족 가문 출

• 정미경, "캐나다 연구팀, 모나리자는 출산 기념 초상화", 동아일보, 2006.9.28.

신으로 부유한 직물 상인과 결혼한 만큼 그녀가 걸친 옷은 고급스럽고 품격이 있는 스타일이다.

반면, 산드로 보티첼리의 작품은 레오나르도와 비교하면 더욱 화려하고 경쾌한 특징을 가진다. 《비너스의 탄생》, 《봄》, 《비너스와 마르스》 등 그의 작품을 보면 사랑의 여신 비너스와 큐피트, 바람의 신 제피로스, 상업과 여행의 신 메르쿠리우스, 전쟁의 신 마르스 등 그리스·로마 신화의 신들이 주인공이다. 이들은 대개 하늘거리고 투명한 천을 휘감고 있거나, 튜닉이나 키톤과 유사한 의상을 입고 있다. 색감은 따뜻하고 밝으며, 황금빛과 옅은 녹색이 주를 이루어 신으로서의 신성함과 이상적인 신체미를 표현하는 데 적합하다. 특히 여성의 곡선미를 강조하는 데 집중되어 있다.

르네상스 시대에서도 옷감의 소재와 색감은 자신을 표현하고 사회적 신분을 나타낼 수 있는 중요한 상징이었다. 왕족이나 귀족, 고위 성직자는 자주색·금색·은색과 같은 고급스러운 색감의 실크와 벨벳 의상을 즐겨 입었는데, 염료 채취 과정이 매우 복잡하고 비용이 많이 들었기 때문에 소수만 입을 수 있었다. 고위층 여성들은 빨간색·녹색·파란색 등 강렬한 색상을 입었는데, 이는 그들이 사회에서 차지하는 높은 지위를 증명하는 것이었다. 반면 경제적 어려움을 겪는 서민층은 회색·갈색 등 비교적 어두운 색의 베나 모직 옷감을 사용했다.

르네상스 시대 패션의 미학은 현대의 여러 디자이너에게 영감을 주고 있다. 예를 들어 2015년 알렉산더 맥퀸은 그의 컬렉션에서 르네상스 회화 속 드레스와 재료, 색채를 현대적 감각으로 재해석했다. 특히 두꺼운 벨벳과 금사 자수, 고급 실크를 사용한 디자인은 레오나르도의 사실적이고 무게감 있는 복식에서 영감을 받았으며, 가볍고 투명한 실크 소재를 이용한 레이어드 드레스는 보티첼리의 화려하고 신화적인 의상과 유사한 분위기를 자아냈다. 또한 2018년 구찌는 르네상스풍의 화려한 색채, 자수, 브로케이드(Brocade; 금사와 은사, 색실로 무늬를 넣은 실크 원단), 프릴, 리본 등을 현대 패션에 접목하여 로맨틱하면서도 남녀의 경계를 허무는 파격적인 컬렉션을 선보였다. 르네상스 문화는 단순한 역사적 유물이 아니라, 오늘날 패션 디자이너들이 끊임없이 해석하고 재창조하는 소중한 원천이 되고 있다.

　오늘날 대중과 예술사가들이 보티첼리보다 레오나르도를 더 높게 평가하는 이유는, 그의 사실적이고 과학적인 표현이 시대와 인간 본연의 모습을 정교하게 포착했기 때문이다. 보티첼리의 이상적 표현은 시대의 판타지를 대변했으나, 이후 현실 반영을 중시한 시대적 흐름 속에서 한동안 평가가 달라졌던 적이 있었다. 그럼에도 두 화가는 르네상스라는 거대한 문화적 변혁 속에서 예술이 어떻게 다양성을 획득하고, 사회와 인간에 대한 이해가 어떻게 달라졌는지를 여실히 보여 준다.

12

과장된 패션을 즐긴
절대 권력자 헨리 8세

　세계 역사상 사랑을 위해 종교 개혁까지 감행한 유일한 인물이 잉글랜드의 헨리 8세이다. 사랑을 위해서는 무엇이든 할 것처럼 행동하다가, 사랑이 식으면 누명을 씌워 처형할 만큼 잔혹했다. 정치적으로는 절대 왕정을 강화하고 잉글랜드를 군사적으로 튼튼하게 변화시켜 근대 국가로서의 초석을 마련하는 등 중요한 업적을 쌓았으나, 비정함 때문에 마냥 호감형은 아닌 듯하다.

　헨리 8세의 아내는 무려 여섯 명이었다. 이외에도 여

러 명의 정부(情婦)가 있었다. 그가 이렇게 많은 여인들과 관계를 맺게 된 것은 호색한 기질이 있어서겠지만, 그보다 더 중요한 이유는 왕위를 계승해 줄 아들을 낳아야 한다는 강박 때문이었다.

헨리 8세의 첫 아내는 트라스타마라 왕조 아라곤과 카스티야 왕국의 막내 공주 캐서린이었다. 원래 헨리 8세의 형인 왕세자와 결혼했다가 얼마 못 가 남편이 사망하자 헨리 8세와 결혼하게 된 것이었다. 과거 왕세자가 병약해 첫날밤을 치르지 못해 캐서린이 여전히 처녀라는 주장을 내세웠고, 이를 근거로 로마 교황청의 결혼 허락을 받을 수 있었다.

처음엔 사이가 좋았다. 그러나 캐서린이 아이를 임신하면 뱃속에서 죽거나 태어난 후 얼마 못 가 사망하는 일이 이어지자 관계가 멀어지게 되었다. 캐서린이 낳은 아이 중 유일하게 생존한 아이는 딸 메리뿐이었다. 왕위 계승자를 간절히 바라던 헨리 8세의 눈에 들어온 건 젊고 교양과 언변을 갖춘 앤 불린이었다. 그는 그녀와의 결혼을 원했으나 그 앞을 로마 교황청이 가로막았다. 가톨릭에서 이혼은 금기였다. 이에 헨리 8세는 잉글랜드 교회를 로마 가톨릭으로부터 독립시킨다고 선언하고 국왕을 수장으로 한 새로운 종교 체제를 세웠다. 이것이 영국 종교 개혁이고, 영국 국교회(성공회)가 탄생하게 된 배경이다. 그리고 헨리 8세는 캐서린과의 혼인 무효를 선언하고 앤 불린과 결혼식을 올렸다.

여기까지만 본다면 헨리 8세와 앤 불린은 행복하게 살았어야 했다. 그러나 앤 불린 역시 딸 엘리자베스를 낳고 아들을 낳지 못했고, 헨리 8세의 마음은 앤의 시녀 제인 시모어에게 옮겨갔다. 그는 앤을 근친상간, 불륜 등의 누명을 씌워 참수시킨 후 제인과 결혼했고, 마침내 고대하던 아들을 얻었다. 하지만 제인은 아들 에드워드를 낳은 뒤 얼마 지나지 않아 산욕열로 사망하고 말았다.

낙심한 채 한동안 홀로 지내던 헨리 8세는 네 번째 아내로 클레베 공작의 딸 앤을 맞이했는데, 이번엔 그녀의 외모가 문제가 되었다. 못생겨서 마음에 들지 않는다는 것이다. 헨리 8세는 얼마 못 가 혼인을 무효화하고, 앤의 시녀인 캐서린 하워드와 결혼했다. 무려 다섯 번째 왕비였다. 캐서린은 어리고 아름다운 외모를 지녔으나 불륜이 발각 나 불과 19세의 어린 나이에 참수형을 당하고 말았다.

여섯 번째 아내는 과부 캐서린 파였다. 두 번의 결혼 모두 사별로 끝났던 캐서린 파는 헨리 8세와 사이좋게 지내며 헨리 8세의 말년을 지켰다.

헨리 8세의 개인사를 통해 그의 성품을 어렵지 않게 추측해 볼 수 있다. 자신이 사랑하는 여인을 위해 종교 개혁을 감행할 정도로 정열적인 성품을 지녔으나 마음이 쉽게 바뀌는 변덕이 심하고, 여섯 명의 아내 중 두 명을 참수할 정도로 잔혹한 면모가 있다. 키가 약 190cm에 이르는 장신이었고 육식과 폭식을 즐겨 체중이 100kg을 훌쩍 넘었음에도 외모에 대한 자신감이 강했으며, 여성들의 인물을 가지고 폄훼하는 경우가 많았다는 걸로 보아 이기적인 면도 엿보인다. 왕위 계승자를 얻으려는 목적 때문이라 해도 다른 국왕들에 비해 남다른 연애와 결혼사를 가진 건 분명하다. 그래도 국왕으로서의 업적이 적지 않다는 점은 인정받아야 한다.

이러한 헨리 8세의 성품은 1536~1537년경에 궁정화가 한스 홀바인이 그린 초상화에서 잘 드러나 있다. 다리를 떡 벌린 채 당당한 표정의 헨리 8세가 화폭을 가득 채우고 있는데, 이런 자세는 일반적인 다른 왕조의 국왕 초상화에서 잘 나타나지 않는다. 지나칠 만큼 자신감이 넘쳤던 헨리 8세의 성품이 드러난다고 할 수 있다.

한 손엔 장갑을 들었고, 다른 한 손은 주먹을 꼭 쥐고 있다. 손가락에는 여러 개의 보석 반지가 끼워져 있다. 상의인 더블릿(Doublet)과 베이스(Bases)라고 불리는 치마를 입었는데, 고급스러운 회색빛 옷감으로 만들어졌고 패턴화된 무늬가 새겨져 있다. 목에서부터 허리까지 줄을 맞춰 황금과 붉은 보석이 장식돼 있다. 조끼의 어깨 부분은 솜이나 털 같은 충전재를 넣어서 지나칠 만큼 커다랗고 과장된 형태인데, 남성성을 강조하는 동시에 위압적인 군주의 이미지를 부각시킨다. 커다란 황금 펜던트가 달린 목걸이는 배까지 길게 늘어져 있고, 고급 퍼와 보석으로 장식된 모자도 눈에 띈다. 허리에는 황금 단도가 매달려 있다. 헨리 8세는 계급에 따라 복장을 규정하는 제도를 만들 만큼 국민들의 사치를 경계했으면서, 정작 자신은 대단히 화려한 복식을 즐겼다. 다리에는 반질반질한 광택이 나는 재질의 흰색 스타킹(호즈 Hose)을 착용했다.

호즈는 중세 말부터 17세기 초까지 남성들이 하체에 입었던 복식이다. 16세기 초에 엉덩이와 허벅지, 종아리 부분이 끈으로 연결된 호즈가 사용되었다가, 이후 허벅지 쪽이 풍성한 트렁크 호즈가 등장해 종아리를 감싸는 스타킹 형태의 호즈를 함께 착용하는 방식이 일반적이었다. 헨리 8세는 딱 붙는 스타킹을 즐겨 신었는데, 이는 강한 다리 근육을 드러냄으로써 남성성을 과시하기 위한 것이었다.

당시에는 남성의 신체적 강인함이 군주의 권위와 직접 연결되었기에, 몸의 라인을 드러내는 스타킹은 매우 중요한 역할을 했다.

가장 눈여겨봐야 할 것은 '코드피스(Codpiece)'라 불리는 의상 아이템이다. 코드피스는 중세 시대에 남성의 생식기를 보호하는 보호대로, 솜을 채워 넣어 만들어졌다. 과거엔 남성들도 여성들과 마찬가지로 치마를 입었다. 처음엔 길이가 긴 치마를 착용했다가 점차 짧아졌고 몸에 밀착된 호즈를 입으면서 생식기가 도드라지게 된 것을 감추기 위한 목적으로 착용한 것이다. 그러다 남성들이 자신의 남성성을 자랑하는 수단으로 점차 변화하게 되었다.

헨리 8세의 코드피스는 과장된 크기로 제작되어 남성성과 생식능력을 과시하고자 하였다. 비슷한 시대에 제작된 다른 그림을 봐도 과장된 크기의 코드피스를 찾아볼 수 있는데, 화려하게 수를 놓거나 보석으로 장식하는 경우가 많았다. 귀중품이나 중요 소지품을 보관하는 용도로 쓰기도 했다.

헨리 8세는 화려하고 과장된 복식으로 남성성과 권력을 과시했지만, 정작 그와 함께 산 여성들은 대부분 불행했다. 용광로와 얼음장을 오가는 사랑을 했던 남자. 욕망과 필요에 따라 여성을 선택하면서, 정작 그는 행복했을까. 불현듯 드는 생각이다.

지구는 모든 인간의 필요를 충족시킬 수 있지만, 모든 인간의 탐욕을 충족시킬 수는 없다.

Earth provides enough to satisfy every man's need,
but not every man's greed.

―마하트마 간디

13
메리와 엘리자베스, 성격만큼 상반된 패션 스타일

 메리 1세와 엘리자베스 1세. 두 사람은 잉글랜드 역사의 한 페이지를 장식한 여왕이라는 공통점 외에 두 가지 공통점이 더 있다. 아버지가 헨리 8세라는 것 그리고 아버지로부터 비슷한 대접을 받았다는 것이다. 헨리 8세는 두 딸이 태어났을 무렵엔 무척 사랑을 쏟았지만, 딸들의 어머니들이 아들을 낳지 못했다는 이유로 관계가 깨어지면서 딸들마저 박대했다. 그래서 두 여왕은 불행한 어린 시절을 보내야 했다.

헨리 8세의 여성 편력은 유명하다. 앞서 언급했듯이 여섯 명의 아내를 두었고 그 외에도 정부가 여럿 있었다. 메리의 어머니는 아라곤 공주로 헨리 8세의 첫 번째 아내 캐서린이었고, 엘리자베스의 어머니는 두 번째 아내 앤 불린이었다. 두 사람 모두 처음엔 남편의 사랑을 받았으나 아들을 낳지 못하는 이유로 외면당하게 된다. 심지어 앤 불린은 불륜 등의 누명을 쓰고 목숨을 잃는다.

헨리 8세가 사망한 후 왕위에 오른 이는 겨우 9세였던 에드워드였다. 너무 어린 나이라 외삼촌의 섭정을 받았고 15세 때 사망하였으므로 별다른 업적은 없다. 에드워드 6세는 자신의 후계자로 친척인 제인 그레이를 정했는데, 그는 단 9일 만에 헨리 8세의 딸 메리를 지지하는 세력에게 축출되고 만다. 아버지의 천대를 받고 위기에 몰렸던 메리가 정치적으로 부활하게 된 것이다.

메리가 헨리 8세의 외면을 받았던 것은 캐서린과의 기나긴 이혼 전쟁 때문이었지만, 또 한 가지의 이유는 종교였다. 헨리 8세는 첫째 아내 캐서린과 이혼하면서 로마 가톨릭과 절연하고 영국 국교회를 창시했다. 하지만 메리는 독실한 가톨릭 신자로서 잉글랜드가 다시 로마 가톨릭으로 복귀하길 바랐다. 이런 이유로 헨리 8세는 메리가 공주 시절 혼담이 들어온 적이 있음에도 번번이 결정을 미뤄서 끝내 성사시키지 않았다. 아들을 낳지 못한 상황에서 첫째인 메리가 여왕이 될 경우, 그 남편이 잉글랜드를 지배하게 될 거라는 거부감도 한몫했다.

메리는 왕이 되었고 이듬해인 38세가 되어서야 스페인의 펠리페 2세와 결혼하게 되었다. 그녀는 잉글랜드를 다시 가톨릭으로 복귀시키기 위해 대대적으로 신교도들을 숙청했는데, 이 때문에 '피의 메리(블러디 메리 Bloody Mary)'라는 무시무시한 별명을 얻게 되었다.

펠리페 2세와 메리 사이는 어땠을까. 메리는 남편을 사랑했지만 안타깝게도 사랑받지 못했다. 메리는 남편의 무관심으로 외로웠고 신교도 탄압에 의한 민심 이반으로 정치적으로도 고립되었다. 결국 42세의 젊은 나이에 쓸쓸하게 숨을 거두고 말았다.

한평생 외롭게 살아서였을까. 그녀의 초상화를 보면 왠지 모를 외로움이 느껴진다. 화가 안토니스 모르가 1554년에 그린 초상화를 보면, 메리는 진주 목걸이를 걸고, 검붉은 빛깔의 드레스와 화려한 문양이 돋보이는 속치마를 입고 있다. 속치마 원단은 브로케이드 원단으로 추정되고, 겉에 입은 드레스는 표면에 반질반질하고 묵직한 광택이 흐르는 걸로 보아 벨벳 소재로 보인다. 드레스의 허리 부분은 잘록하게 들어가 있다.

목 부분에 날개처럼 펼쳐진 칼라는 흰색이고 레이스가 달려 있다. 소매는 곡선형이고 두 겹으로 만들어졌으며, 끝부분에는 레이스 장식과 보석 세공이 더해졌다. 머리를 단정히 빗어 뒤로 묶은 뒤 진주와 금장식이 촘촘히 박힌 모자를 착용했다. 한 손에 붉은 장미, 다른 한 손엔 묵주를 들고 있다. 복장에 나타난 색감은 검은색·붉은색·황금색·흰색 등인데, 모두 가톨릭의 상징색으로서 왕권과 종교의 결합을 시각적으로 표현했다고 할 수 있다.

눈에 띄는 건 가슴에 달린 펜던트인데, 커다란 물방울 모양의 진주가 연결돼 있다. 이 진주의 이름은 라 페레그리나(La Peregrina)로, 남편 펠리페 2세가 메리와의 결혼을 소망하며 선물로 보낸 것이다. 다른 초상화들에서도 라 페레그리나를 착용한 것으로 보아, 메리 1세가 이 장신구를 무척 아꼈던 듯하다.

초상화를 통해 유추해 보면, 메리 1세는 독실한 가톨릭 신도답게 단정하고 엄격한 성품이면서, 부드러운 여성성을 드러내고 싶어 했던 것 같다. 본래 타고 나길 미인이었는데, 부모의 이혼 공방으로 힘든 어린 시절을 보내면서 건강이 나빠졌고 시력도 좋지 않은 바람에 미모의 빛이 바랬다. 초상화마다 나타난 경직된 표정은 여왕으로서의 품격을 표현한 것이겠지만, 한편으로는 아버지와 남편에게 사랑받지 못했던 불행의 흔적이 아닌가 해서 안쓰러운 마음이 든다.

메리 1세가 서거한 후 왕위를 이어받은 이는 이복동생 엘리자베스로, 헨리 8세의 두 번째 아내 앤 불린이

낳았다. 어머니가 왕비가 된 지 불과 3년 만에 불륜 등의 누명을 뒤집어쓰고 처형된 탓에, 왕녀로서의 입지가 거의 없다시피 했다. 언니가 후계자 없이 사망했기에 왕위 계승권자로서 왕위에 오를 수 있었다.

엘리자베스 1세는 평생을 독신으로 지내 '처녀 여왕'이라는 별명을 얻었다. 재위 기간 영국 국교회를 안정시켰고, 스페인의 무적함대를 격파하고 해외 탐험을 적극 지원하는 등 잉글랜드가 대영제국으로 발돋움하는 기틀을 마련했다는 평가를 받는다.

그래서인지 엘리자베스의 초상화는 초기와 후기가 다르다. 화가 윌리엄 스코트가 1546년에 그린 엘리자베스 1세의 공주 시절 초상화를 보면, 메리 1세가 입었던 비슷한 형태의 드레스를 입고 있음을 확인할 수 있다. 다만 색감은 다르다. 화려한 문양이 새겨져 있고 목과 허리 부분이 진주와 보석으로 장식된 붉은색 드레스를 입고 있다. 넓은 소매 안쪽에는 브로케이드 원단의 벌룬형 소매가 보인다. 단정하게 빗어 넘긴 붉은색 머리를 뒤쪽으로 묶은 후 진주가 박힌 모자를 착용했다.

반면에 엘리자베스가 여왕이 된 후 조지 가우어가 1588년에 그린 무적함대 초상화를 보면 전체적으로 과장된 형태의 복식이 눈에 띈다. 목둘레에 커다란 러프(Ruff; 원형 혹은 반원형의 레이스 장식)가 있고, 크게 부풀린 벌룬형 소매에는 태양 모양의 금사 자수와 보석이 장식되어 있다. 목·팔·하의 쪽이 과장되어 상대적으로 허리 부분이 더 잘록해 보인다. 드레스에는 화려한 문양이 새겨져 있고, 진주와 리본으로 장식돼 있다. 머리카락을 높이 말아 올려 진주로 장식했다. 엘리자베스 1세가 진주를 특히 좋아했다고 하는데, 그 취향이 잘 드러난 초상화이다.

초기의 초상화와 다른 점을 더 꼽자면 지나칠 정도로 하얗게 표현된 피부와 깡마른 얼굴형이다. 천연두에 걸려서 생긴 흉터, 지독한 충치로 인한 붓기와 치아 결손을 감추려고 납이 섞인 가루 화장품을 두껍게 바르고, 화려한 옷을 입었다.

엘리자베스 여왕은 한평생 국가에 헌신했으며, 그 사실은 초상화에서도 잘 드러난다. 돈독한 관계를 유지했고 때로는 염문이 있었던 남성들이 있긴 했지만, 결혼하지 않았던 건 사실이다. 초상화에서 나타난 화려하고 권위 있는 차림새는 갈수록 번영하는 국가의 위상을 나타낸다. 국가와 국왕이 동일시되는 당시의 시대상을 보여준다.

메리 1세와 엘리자베스 1세의 옷차림에는 16세기 잉글랜드의 정치적·종교적 갈등과 왕권의 상징성이 드러나 있다. 당시 잉글랜드는 무역과 상업이 번성했고, 왕실은 프랑스·이탈리아·스페인과의 교류를 통해 실크·모피·보석·진주·금사·은사·자수 등을 수입했다. 이러한 수입품들은 두 여왕의 의상 제작에 적극 활용되었을 것이다.

두 여왕은 같은 시절을 살았음에도 종교적 신념, 정치적 배경, 개인 심리 등에 따라 옷차림에서 차이점이 뚜렷하다. 권력의 최고 정점에 서서 최고의 부를 누렸던 그들이 화려해 보이면서도, 한편으로는 애잔하다. 부디 인생에서 진정으로 행복했던 순간이 있었기를.

반짝이는 것이 모두 금은 아니다.

All that glitters is not gold.

－윌리엄 셰익스피어

14,
루이 14세의 스타킹과 절대 왕정의 상관관계

　오늘날 남성이 스타킹을 신은 모습을 본다면 어떨까. 다소 어색하게 느껴질 것이다. 스타킹이 여성용품으로 인식되기 때문이다. 그런데 과거엔 스타킹이 남성들의 전유물이었다. 추운 날씨에 다리를 보호하는 기능과 아울러 건강한 남성성을 자랑하는 역할을 했다.

　중세~근세 명화를 보면 스타킹을 입은 남성의 모습을 쉽게 확인할 수 있다. 앞서 이야기한 헨리 8세가 그렇고, 17~18세기 프랑스의 절대 왕정을 상징하는 루이

14세도 스타킹을 신었다. 이때는 스타킹을 호즈(Hose)라고 불렀다.

에스파냐 출신 화가 야생트 리고가 1701년에 그린 초상화를 보면, 루이 14세는 커다란 망토(케이프)를 두르고 있다. 바깥쪽은 짙푸른 벨벳이고 안쪽은 어민 모피인데, 안감 전체에 어민 꼬리의 검정털을 활용해 만든 점무늬 패턴이 보인다.

목 아래쪽에는 풍성한 크라바트(Cravate)를 착용했다. 크라바트는 목에 두르는 스카프로, 넥타이의 원형이다. 크로아티아 용병이 둘렀던 스카프에서 유래했다. 17세기 프랑스에서 용병으로 활약했던 크로아티아 기병대는 전쟁에 나갈 때 목에 붉은 천을 둘렀는데, 적군과 아군을 구별하는 한편 무사 귀환을 기원하고 나쁜 운을 쫓는 등의 의미였다. 이 모습을 루이 14세가 보고 마음에 들어 해서 병사들에게 착용토록 했고, 자신 역시 흰색 레이스로 된 천을 목에 매고 다녔다. 남성용 스카프였던 크라바트가 발전해서 넥타이가 되었다.

흰색 크라바트 아래에 성령 기사단(Order of the Holy

Spirit)의 훈장이 달린 황금 목걸이가 있다. 망토(케이프) 안쪽에는 '랭그라브'라고 짐작되는 흰색의 짧은 바지와 여러 개의 보석이 박힌 황금 보검이 보인다.

그가 서 있는 자리의 옆쪽 테이블에는 망토와 같은 푸른색 벨벳에 황금으로 장식된 왕관이 놓여 있다. 루이 14세의 왼손은 허리춤을 잡은 듯하고 오른손에는 꼭대기가 백합 모양으로 된 왕홀을 들고 있다. 다리엔 반질반질한 소재의 호즈를 착용했고 발엔 주홍빛 리본과 굽이 있는 하이힐을 신었다. 왕관, 왕홀, 금사로 수놓인 커다란 망토 등은 레갈리아(Regalia), 즉 왕권을 나타내는 상징물이다. 한 마디로 너무나 화려하고 권위 있는 국왕의 모습이다.

루이 14세의 호즈에 유난히 더 시선이 가는 이유는 가늘고 긴 다리 때문이다. 그는 헨리 8세처럼 근육이 도드라진 형태가 아니라 여성처럼 매끈한 라인을 자랑했다. 오랫동안 발레를 한 덕분으로, 발레리나만큼 완벽한 라인과 자세를 갖추고 있었다. 그래서일까. 그는 유난히 호즈를 사랑한 국왕으로 손꼽힌다.

　스타킹의 탄생과 변천은 옷의 변천사와 밀접한 관련이 있다. 커다란 천으로 품이 넉넉하고 길이가 긴 옷을 만들어 입었던 시대에는 별도의 하의가 존재하지 않았다. 날씨가 춥고 산악 지역에 사는 유목민족은 하의가 필요해서 일찍부터 바지가 발달했지만, 대체로 온화한 기후의 중·남·서 유럽에서는 통기성이 중요하므로 그렇지 않았다.

　초기 스타킹, 즉 호즈(Hose)는 오늘날 스타킹과는 구조가 크게 달랐다. 처음에는 양쪽 다리를 따로 감싸는 일종의 분리형 호즈였으며, 중세 후반으로 갈수록 밀착되고 길이가 길어져 허리까지 올라오면서 마치 일체형 같았다. 현대의 팬티 스타킹처럼 완전히 한 벌로 만들어진 구조는 아니었고, 허리 부분을 상의에 끈으로 고정해 착용했다. 호즈는 매우 몸에 밀착되는 편직물이었기 때문에 실루엣이 그대로 드러났는데, 당시 남성들은 몸에 밀착되는 호즈 때문에 성기가 도드라져 보이는 것을 부담스러워했고 이를 가리기 위해 코드피스를 착용했다.

16세기 중반에 들어서 풍성한 라인의 트렁크 호즈에 다리에 밀착된 호즈를 신는 복식이 유행하였다.

신분과 경제적 능력이 있는 귀족과 왕족이 신는 호즈는 고급 재질로 만들어졌고 일일이 손으로 만들어야 했기에 가격이 무척 비쌌다. 오랫동안 신분이 높고 부유한 이들이 독점하던 스타킹은 1589년 편물 스타킹을 만드는 기계가 발명되면서 일반 여성들도 신을 수 있게 되었다.

루이 14세는 왕권 강화에 힘을 기울이는 한편 미학과 패션에 관심이 많은 왕이었다. 궁정의 복장 규정을 엄격하게 세웠는데, 귀족은 격식 있는 차림새를 갖춰야 했고 푸른색의 긴 외투(쥐스토코르 Juste-au-corps)는 특별히 자신이 허락한 이들만 입도록 했다. 왕실 공식행사에 참여하려면 크라바트를 꼭 착용토록 했다. 패션에 관심이 많은 덕분에 그의 재위 기간 동안 프랑스 패션 산업은 크게 발전할 수 있었다.

루이 14세는 "짐이 곧 국가다"라는 말을 했다고 알려져 있다. 실제로 그런 말을 했는지 기록으로 확인된 게 아님에도 사실처럼 믿어지는 이유는, 그만큼 그가 왕의 절대 권력을 강조해서이다. 또한 《밤의 발레》라는 발레 공연에 직접 출연해 태양신 역할을 소화할 만큼 발레를 사랑한 왕이기도 하다. 그는 13세에 《카산드라의 발레》로 데뷔해 20편이 넘는 작품에 출연했다. 발레로 연마된 다리의 아름다움을 돋보이게 하려고 좀 더 매끄럽고 빛나는 재질의 스타킹을 착용했고 굽이 높은 하이힐을 좋아했으며 유난히 풍성한 가발을 착용했다. 하이힐과 가발은 작은 체구의 콤플렉스를 가려주기에 제격이었다.

루이 14세가 취미에 골몰하며 자신을 돋보이게 하는 일상을 사는 동안, 국민들은 어떤 삶을 살았을까. 72년간 재위하며 왕권을 강화하고 영토를 넓힌 것은 분명한 업적이었다. 그러나 사후 불과 74년 만에 프랑스 대혁명이 일어났고 후손인 루이 16세가 단두대에서 처형되는 비운을 맞이한 걸 보면, 불행의 싹은 이미 그의 재위 기간에 자라고 있었을 것이다. 왕권 강화, 행정과 법 제도 정비, 군사력 증강, 영토 확장 등의 업적이 즐비해도 정작 국민들은 과중한 세금 부담 때문에 고통스러운 삶을 살아야 했다면, 국왕으로서 그의 업적은 반쪽에 불과하다는 생각이 든다.

초상화 속 그는 여전히 빛나지만, 사후의 프랑스 역사를 떠올리면 마냥 아름답게 보이진 않는다. 화무십일홍(花無十日紅)이라는 말이 떠오른다. 본질을 채우지 못한 아름다움은 덧없다.

모든 권력은 일시적이다.

All power is temporary.

―조지 오웰

15

마리 앙투아네트가 잘린 머리를 들고 올림픽에 등장한 이유

    2024년 파리 올림픽 개막식 공연은 여러 파격적인 장면으로 화제가 되었다. 그중 가장 인상적인 것은 마리 앙투아네트가 자신의 잘린 머리를 들고 혁명가 《아, 괜찮을 거야(Ah! Ça ira)》를 부른 장면이었다. 본래 궁전이었다가 감옥으로 바뀐 콩시에르쥬리에서, 단두대에서 처형된 왕비가 헤비메탈 록 음악에 맞춰 혁명가를 부르는 모습은 충격적이었다. 이외에도 술의 신 디오니소스로 분장한 프랑스 가수 필리핀 카트린느가 거의 알몸에 가까운 모습(전신을 파랗게 칠했다)으로 노래를 부른 것, 성소수자와 짙은 화장을 한 여장 남자가 등장한 것 등이 화제가 되었다.

마리 앙투아네트는 1755년 합스부르크 왕가에서 태어났다. 아버지는 신성로마제국 황제 프란츠 1세, 어머니는 마리아 테레지아였다. 그녀는 1770년 14세의 어린 나이로 16세인 루이 16세와 결혼했다. 부부 사이는 비교적 원만했고, 한동안 아이가 없었으나 나중에 2남 2녀를 두었다.

사실 그들 부부가 겪은 불행의 원인을 오롯이 그들에게만 돌리는 건 정당한 평가가 아니다. 프랑스 대혁명이라는, 역사의 흐름을 뒤바꾸는 사건이 특정한 원인 하나로 일어날 수는 없기 때문이다. 왕권을 강화하는 데에만 온 힘을 다하는 왕정에 대한 대중의 불만은 오래전부터 누적되어 온 것이었다. 국가 재정을 어렵게 한 막대한 부채는 태양왕으로 불린 루이 14세, 루이 15세 때부터 이어져 내려온 것이었다.

안타깝게도 루이 16세는 이런 문제점을 바로잡지 못했고 답습했다. 되레 북아메리카에서 인디언과 연합해 무려 7년간 영국군과 식민지 쟁탈 전쟁을 치르느라 막대한 예산을 사용했다. 왕실·귀족·성직자가 국부의 90%를 차지했고, 나머지 10%가 신흥 부르주아와 일반 국민의 몫이었다.● 부의 극심한 편중은 대중을 궁핍으로 몰아넣었다.

사실 마리 앙투아네트는 품위 있는 왕비였다. 프랑스 귀족 여성들의 마음을 사로잡을 만한 유행을 수없이 만들 만큼 패션 감각이 있었다. 당시 로코코 스타일의 유행으로 파니에(Pannie)와 코르셋, 스토마커(Stomacher)를 착용하고 드레스를 입었다. 파니에는 양옆으로 넓게 벌어진 속치마로 철사와 동물뼈 등으로 제작돼 치마를 부풀리는 용도로 사용되었으며, 스토마커는 레이스·리본·보석 등으로 장식된 가슴 패널을 말한다.

● 제이컵 솔, 『회계는 어떻게 역사를 지배해왔는가』, 메멘토, 2016.

궁정 화가 엘리자베스 비제 르 브룅이 1779년에 그린 앙투아네트의 초상화를 보면, 그녀는 파니에를 착용해 치마폭이 엄청나게 넓었고, 여러 개의 리본과 레이스 장식이 달린 스토마커를 착용했다. 고급스러운 광택이 나는 드레스에는 여러 개의 풍성한 주름이 잡혀 있으며, 끝단에는 금사로 만들어진 술 장식이 달려 있다. 어깨부터 발밑까지 늘어뜨린 푸른색 망토(케이프)에는 금사로 수가 놓여 있다. 전체적으로 대단히 화려하고 우아하다.

1783년에 브룅은 앙투아네트 초상화 두 점을 그렸는데, 리본이 달린 꽃을 들고 있는 자세와 연분홍빛 얼굴이 거의 똑같고, 옷차림과 모자, 배경이 다르다. 한 그림에서는 흰색 드레스를 입었고, 다른 그림에서는 푸른색 드레스를 입었다. 왜 비슷한 초상화가 두 점 존재하게 되었을까.

먼저 흰색 드레스의 그림을 보면 목 부분엔 레이스 장식이 물결치고, 팔에는 풍성한 벌룬이 세 개가 잡혀 있는 하늘하늘한 모슬린 드레스가 눈에 띈다. 모슬린은 가는 면사를 치밀하게 짠 가볍고 부드러운 면직물을 말한다. 드레스의 가슴 밑부분에 황금색 망사천을 허리띠처럼 둘러 뒤쪽으로 묶었다. 이 드레스는 앙투아네트가 유행시킨 슈미즈 드레스로, 허리선이 가슴까지 올라오는 드레스를 말하는데 19세기에 엠파이어 드레스(혹은 엠파이어 실루엣 Empire Silhouette)로 발전한다. 머리엔 커다란 깃털이 달린 밀짚모자를 썼다. 이 드레스는 사실 속옷 개념이기 때문에, 그림 발표 당시 "속옷 차림의 왕비"라는 비난이 쏟아졌다. 그래서 브룅은 앙투아네트가 푸른색 드레스를 입은, 왕비다운 품격이 드러난 그림을 다시 그리게 되었다.

푸른색 드레스 그림을 보면 목선이 사각형으로 깊게 파여 있고 그 중앙에 줄무늬 원단의 커다란 리본이 보인다. 목, 소매, 드레스 측면부는 흰색 레이스로 장식돼 있다. 푸른색 때문에 뽀얀 속살이 더욱 돋보인다. 여러 개의 깃털이 달린 모자까지 우아함 그 자체다.

앙투아네트가 유행시킨 또 다른 패션으로 '푸프(Pouf)'가 있다. 푸프는 레오나르 오티에라는 미용사가 앙투아네트를 위해 개발한 헤어 스타일로, 머리카락을 건조시킨 후 안쪽에 구조물을 넣어 머리카락을 부풀린 다음 깃털·보석·꽃·리본 등으로 화려하게 장식한 형태이다. 영국과의 해전에서 승리했을 때는 프랑스 군함 '아름다운 암탉' 모형을 만들어 머리 위에 얹기도 했다. 푸프 중에는 높이가 1m가 넘고, 무게가 5kg에 달하는 것도 있었다.

왕가의 복식은 왕실의 권위와 세련미를 시각적으로 극대화했다. 그러나 당시 프랑스의 다수 국민이 가난과 기근에 시달리던 현실과 극명하게 대비되었다. 앙투아네트의 드레스와 머리 장식, 장신구는 트렌디한 패션이 아니라 왕실의 사치와 사회 구조적 불평등을 드러내는 상징으로 작동했다. 앙투아네트가 다른 왕비들에 비해 지나치게 사치스러웠던 건 아니었으나, 처절한 현실을 살아가던 국민들을 자극하기엔 충분했다.

1789년 프랑스 대혁명의 서막을 연 바스티유 감옥 습격 사건 후, 루이 16세는 국내 분위기가 심상찮게 돌아가자 마리 앙투아네트와 아이들을 데리고 몰래 탈출을 시도했다가 붙잡혔다. 루이 16세는 오스트리아와 내통했다는 죄목으로 재판을 받고 사형을 선고받았다. 앙투아네트에게도 반역죄, 국고 낭비죄 등 여러 죄목이 씌워졌는데, 아들과 근친상간했다는 누명까지 있었다. 당시 그의 아들은 8세에 불과했다. 그녀는 다른 죄목보다 아들과 근친상간했다는 것에 대해 억울함을 호소해서 죄명을 지우는 데 성공했지만, 이미 정해진 죽음을 피할 수 없었다. 그녀가 프랑스인이 아니라 적대적 관계인 오스트리아 합스부르크 출신이라는 점도 혐오를 부추기는 데 한몫했다.

신의 대리자로 추앙받던 국왕 일가의 몰락은 당시 많은 이들에게 충격으로 다가왔다. 비참하게 역사 뒤안길로 사라졌던 그녀는, 느닷없이 2024 올림픽 무대에 등장하여 올림픽을 시청하던 전 세계인들에게 다시 한 번 충격을 주었다. "생뚱맞았다", "무엇을 말하는지 모르겠다"는 비판이 쏟아지는 가운데, 유럽 철학자 슬라보이

지제크는 파리 올림픽 개막식이 성별이나 인종과 무관하게 모두가 춤추게 한 행사였으며, 목이 잘려나가 이미 사람도 아니고 귀신도 아닌 여러 비체(Abject)까지도 입을 열 기회가 주어졌다고 평가했다.●

마리 앙투아네트는 한때 프랑스 대혁명을 일으킨 원흉처럼 취급되었다. 하지만 지독한 빈곤에 시달리는 국민들을 향해 "빵이 없으면 케이크를 먹으면 된다"고 말했다는 일화는, 진실이 아니었다. 장 자크 루소가 쓴 『참회록』에 등장한 표현인데, 이 책이 쓰여진 시기(1766년)와 앙투아네트의 탄생 시기(1755년)를 생각한다면 그녀가 한 말일 수 없었다. 핍박받은 대중의 입에서 나온 말이라고 모두 진실은 아니었다.

그녀는 국민의 삶을 알지 못한 어리석은 왕비일 수는 있어도, 악녀는 아니었다. 고귀하게 태어나 37세의 젊은 나이에 단두대에서 생을 마쳤으면서도 여전히 사치

● 슬라보이 지제크, "파리 올림픽 개막식을 위한 변론", 한겨레, 2024.8.18.

와 향락의 대명사로 오해받는 그녀의 삶, 여기에 애잔한 마음이 드는 건 지나친 감상일까.

인간은 자유롭게 태어났으나, 어디서나 쇠사슬에 묶여 있다.

Man is born free, and everywhere he is in chains.

-장 자크 루소

16

외제니와 시씨,
낭만의 황후 드레스

　18세기 말에서 19세기 유럽은 문화·예술·사상 전반적으로 낭만주의의 열기가 가득 차 있었다. 낭만주의란 인간의 자연 상태를 존중하는 사조로, 개인의 주관적인 감정과 자유를 중요시한다. 이성·지식·과학적 태도를 추구했던 계몽주의와 전통적 질서·균형·보편성을 강조했던 고전주의에 대한 반발로 탄생했다.
　낭만주의 시대의 패션은 화려하고 과장된 디자인, 로맨틱한 이미지, 여성 신체의 곡선미를 강조하는 스타일이었다. 자연스러운 어깨 라인과 허리선, 소매 아랫부분을 부풀린 비숍 소매(Bishop Sleeves), 잘록한 허리, 폭이 넓은 스커트로 표현되는 X자형 실루엣이 유행했다. 소매가 부풀어진 형태라 일반적인 형태의 외투를 입기가 어려워 숄이나 짧은 가운, 베스트를 걸쳤다.

치마폭을 넓혀서 X자형을 극대화하는 데 기여한 것은 크리놀린(Crinolin)이다. 말총과 뻣뻣한 린넨(초기), 강철(후기)로 만든 프레임으로 치마가 큰 폭으로 퍼질 수 있도록 해준 도구였다. 여성들은 크리놀린 덕분에 여러 겹의 페티코트를 입어야 하는 불편함에서 해방될 수 있었다. 영화 《바람과 함께 사라지다》에서 배우 비비안 리가 코르셋으로 허리를 조인 후 크리놀린 스타일의 드레스를 입어 풍성한 라인을 만드는 장면이 나온다.

크리놀린 스타일이 유행하자 체격과 상관없이 어린 소녀들까지 코르셋을 착용하게 되었다. 풍성한 치마는 레이스·리본·자수로 장식되었다. 치마를 만드는 데 많은 양의 천이 필요했던 만큼 신분이 높고 부유한 이들이 착용할 수 있었다. 아마도 인류 역사상 가장 넓은 폭의 치마가 존재했던 시대가 아니었을까 싶다.

낭만주의는 19세기 중반에 해당하는 프랑스 제2제정기에 정점을 찍었다고 할 수 있다. 프랑스 제2제정기는 1852년 나폴레옹 3세가 즉위했을 때부터 1870년 프로이센과의 전쟁에 패해 붕괴될 때까지를 말한다. 나폴레옹 3세는 로코코 양식을 동경해 부르주아의 사치스러운 생활을 했고, 그의 아내 황후 외제니 드 몽티조는 크리놀린의 유행을 주도하는 등 패션 리더로서 자리매김했다. 고상하고 우아하고 섬세한 그녀의 패션 스타일은 많은 찬사의 대상이 되었다.●

사실 나폴레옹 3세가 된 루이 나폴레옹 보나파르트는 전통적인 왕실 가문 출신이 아니었으며, 프랑스 대혁명으로 출범한 임시 정부가 뽑은 대통령이었다. 그는 정권을 잡은 후 독재체제를 구축하고 황제로 취임했다. 이런 과거 때문인지 그의 신분은 여느 유럽 왕실의 왕들에

● 정임전, "낭만주의와 사실주의 예술양식을 통해 본 복식문화와 헤어스타일에 관한 연구", 대한피부미용학회지 제4권 제2호 통권 제10호, (2006.11.) pp.163-181.

비해 불안정했다고 볼 수 있다.

외제니는 스페인의 귀족 가문 출신으로, 나폴레옹 3세와 결혼 당시 프랑스 내부적으로 반대의 목소리가 높았다. 정당성을 인정받고 싶었던 것일까. 외제니 황후는 대단히 화려한 복식을 추구했다. 한 번 입은 옷은 다시 입지 않을 정도라고 하니 얼마나 사치스러웠는지 짐작할 만하다.

독일 화가 프란츠 빈터할트가 1854년에 그린 외제니 황후의 초상화를 보면, 그녀는 어깨를 드러낸 은색 드레스를 입었는데, 화려한 문양이 새겨진 튤(Tulle)이 드레스의 치마 부분에 장식돼 있다. 튤이란 실을 그물망처럼 촘촘하게 짜서 만든 가볍고 얇은 천으로, 베일이나 드레스 등을 만드는 데 쓰인다. 허리 뒤쪽에는 진녹색의 코트 트레인(Court Train)이 바닥까지 늘어져 있다. 코트 트레인의 테두리에는 금사 자수가 수놓였다. 머리에는 진주와 다이아몬드로 만들어진 티아라를, 목에는 여러 겹의 진주 목걸이를, 양쪽 팔에는 진주와 보석, 황금으로 만들어진 팔찌를 착용했다. 외제니는 마리 앙투아네트를 동경하여 그녀가 살았던 18세기 패션 스타일을 추구했다.

낭만주의를 주도했던 또 한 명의 인물은 오스트리아 프란츠 요제프 1세의 아내 엘리자베스 아말리에 유제니 황후이다. 시씨(Sissi)라는 애칭으로도 유명한 그녀는 당시 유럽에서 가장 아름다운 여성으로 손꼽혔다. 너무나 사랑해서 결혼했지만 바람을 피우는 남편, 아이들의 양육에 대한 시어머니의 간섭 등으로 심각한 우울증에 시달렸고 외모에 대한 비이성적 집착으로 화려한 복식을 추구했다. 외제니를 그렸던 프란츠 빈터할트는 1865년에 엘리자베스 황후 초상화도 그렸는데, 그림을 보면 둥그런 어깨선, 부푼 소매, 잘록한 허리, 폭이 넓은 흰 드레스가 눈에 띈다. 크리놀린 스타일의 전형이라고 할 만하다. 새틴 드레스의 겉면은 튤이 물결치고, 금사 혹은 은사로 새겨넣은 문양이 별처럼 반짝인다. 풍성한 머리카락을 땋아서 어깨 아래까지 늘어뜨렸고, 여러 개의 은빛 별 장식을 달았다.

낭만주의가 유행했던 시기는 1차 산업혁명 시기와 맞물린다. 그동안 수작업으로 제작되었던 옷감의 대량 생산이 가능해져서, 왕실과 귀족이 즐기던 값비싼 실크, 레이스 등의 직물을 좀 더 많은 시민들이 사용할 수 있게 되었다. 또한 화학 산업의 발전으로 값비싼 천연재료가 아닌 화학 염료를 통해 옷감을 다양한 색채로 염색할 수 있게 되었다. 왕실과 귀족의 복식에도 화학 염료로 염색된 옷감이 사용되었다.

안타까운 사실은 초창기 화학 염료에 타르 등 치명적인 독성 물질이 있었는데, 많은 이들이 이러한 사실을 모른 채 옷을 입었다는 것이다. 특히 셸레 그린이나 에메랄드 그린 색을 내는 화학 염료에 포함된 비소 때문에, 녹색 드레스를 만들거나 착용한 이들이 건강에 큰 위협을 받거나 목숨을 잃는 일까지 생겼다. '죽음의 초록 드레스'를 만든 염료의 위험성이 알려지면서 점차 기피되다가 1900년대에 들어서 퇴출되었다.

낭만주의 시대의 복식은 1990년대 후반부터 2010년대 초반까지 활동한 존 갈리아노가 이끈 크리스찬 디올 컬렉션에서 부활하였다. 갈리아노는 크리놀린과 코르셋을 극적으로 과장하거나 왜곡시키는 등 독창적인 시각으로 재해석했다. 풍성한 실루엣, 화려한 색깔, 과도하면서 섬세한 장식으로 탄생한 새로운 디자인에 패션계는 놀라지 않을 수 없었다. 1998년 S/S컬렉션에서는 무려 2.7m에 달하는 거대한 드레스를 발표하기도 했다. 갈리아노 외에도 알렉산더 맥퀸, 비비안 웨스트우드, 에르메스 등이 18~19세기 낭만주의 스타일을 현대적으로 구현해 좋은 반응을 얻었다.

두 황후는 당대 패션의 최고봉에 서면서 화려한 생활을 즐겼지만, 인생은 해피엔딩이 아니었다. 외제니는 남편이 폐위된 후 함께 영국으로 망명했는데 그곳에서 90세를 넘기며 장수했지만 남편과 아들을 먼저 떠나보냈다. 엘리자베스는 네 명의 아이를 낳았으나 두 명이 먼저 세상을 떠났고, 특히 아들의 자살 후 낙심하여 상복을 입고 여행을 다니다가 무정부주의자로부터 암살당하고 말았다. 아름다운 여인이 왕자님을 만나 사랑하게 되고 결혼한 후 '그 후로 오랫동안 행복하게 살았습니다'라는 결말은 결국 동화 속에서만 존재하는 이야기인지도 모른다.

스칼렛은
왜 허리를 조였을까

사람들에게 기억에 남는 영화 속 장면을 묻는다면 어떤 대답을 할까. 명작이라고 불릴 만한 작품이 많기에 다양한 대답이 나올 것 같다. 누군가 내게 묻는다면《바람과 함께 사라지다》에서 스칼렛 오하라가 코르셋을 입은 장면을 꼽을 것이다. 흰색 코르셋을 입은 스칼렛의 뒤에서 흑인 하녀가 코르셋의 끈을 한껏 조여주는 장면으로, 영화 앞부분에 나온다.

누가 봐도 날씬한 체격의 스칼렛은 왜 코르셋을 입었

던 걸까. 작품 속 스칼렛의 허리 사이즈는 16인치이고, 그 역할을 맡은 비비안 리의 허리 사이즈는 22~23인치라고 한다. 비비안 리는 누구보다 아름다워 보이고 싶어 하는 스칼렛 오하라의 욕망을 완벽하게 구현해냈다.

 스칼렛이 코르셋을 입었던 것은 그 시절 개미만큼 날씬한 허리가 미의 기준이 되었기 때문이다. 고대부터 중세까지 여성들은 비교적 몸의 실루엣을 적나라하게 드러내지 않는 의상을 입었다. 가슴선을 높이거나 가슴띠 혹은 허리띠를 바짝 조이는 의상을 입기도 했지만, 몸매에 변형을 가할 목적의 보정 의상이 별도로 존재하지 않았던 것 같다. 신체를 드러내기보다는 옷의 느슨하고 자연스러운 주름을 살린 의상으로 아름다움을 표현했다. 그러다가 르네상스 시대가 되면서 점차 몸의 라인이 노출되는 의상을 입게 되었다. 허리를 조이고 치마를 풍성하게 부풀려 더욱 날씬해 보이는 실루엣을 추구했다.

 15세기 스페인에서는 치마를 풍성하게 부풀릴 목적으로 파딩게일(Farthingale)이라는 속치마가 만들어져 유럽 전역으로 퍼져나갔다. 파딩게일은 철사나 등나무 등을 재료로 만들어진 원뿔형 혹은 둥근 형태의 구조물로, 이를 착용한 상태로 드레스를 입으면 가슴과 하체가 불룩하고 허리는 날씬해서 마치 모래시계와 같은 실루엣이 되었다. 파딩게일의 유행은 17세기 초까지 이어졌다.

18세기 로코코 시대에는 파니에, 19세기엔 크리놀린이 유행했다. 파니에는 양옆으로 치마를 부풀리는 형태였고, 크리놀린은 종 모양 실루엣이었다. 여성들은 이러한 속치마 구조물과 함께 페티코트를 받쳐 입어 풍성한 실루엣을 연출했다. 또한 파니에는 신분이 높거나 경제적 여유가 있는 이들이 사용했다면, 크리놀린의 경우 산업혁명으로 가볍고 튼튼한 강철 재질로 대량 생산이 가능하게 됨으로써 가격이 하락하고 대중화로 접어들게 되었다.

풍성한 하체의 실루엣에 어울리는 건 꼿꼿한 상체, 잘록한 허리, 풍만한 가슴이다. 그래서 등장한 것이 코르셋이었다. 코르셋은 약 16세기경 르네상스 시대에 본격적으로 나타난 것으로 추정되며, 단어의 어원은 프랑스어로 '작은 몸(Corps)'이라는 의미의 단어이다. 처음에 코르피케(Corps-pique)나 바스퀸(Basquine), 스테이즈(Stays) 등으로 불리다가 18세기 무렵에 코르셋이라고 불렸다. 금속이나 딱딱한 나무 줄기, 뿔, 고래 수염, 상아 등을 재료로 해 만들어졌고 앞쪽이나 뒤쪽에 끈으로 조여 입는 형태였다.•

여성의 허리가 날씬할수록, 실루엣이 풍성하게 보일수록 더욱 아름답고 고귀한 신분으로 느껴졌기에 여성들은 앞다투어 코르셋과 속치마를 착용했다. 19세기에 크리놀린으로 인한 풍성한 치마가 대중화를 이뤘듯 코르셋 역시 대중화의 길로 접어들었다.

남북전쟁 전후인 1860년대 미국은 정치·경제·사회적 배경에 따라 서로 다른 문화를 가지고 있었다. 북부

• 설현정, "코르셋의 기원", 한경, 2006.4.1.

지역은 여성이 경제 활동을 하는 등 비교적 개방적이었다면, 남부의 문화는 보수적이었다. 남성은 정치·사회적으로 주도적인 역할을 했고, 전쟁이 터지면 국가와 가문을 지키기 위해 싸워야 했다. 반면에 여성에게는 가정과 가문을 돌보는 역할이 주어졌다. 아름답게 자신을 가꾸고, 가정을 돌보고 남편에게 순종하며 아이를 잘 키우는 것이 미덕이었으며, 결혼을 통해 가문을 부흥시키려 했던 시대였다. 이러한 보수적인 분위기에 안성맞춤이었던 것이 크리놀린, 화려한 레이스, 코르셋 위에 입는 드레스 상의인 보디스 등 영국 빅토리아식 복식이었다.

특히 코르셋은 여성에게 '여성다움'을 강요하는 도구로서 여성을 옥죄는 억압의 상징이 되었다. 코르셋을 입은 여성은 몸을 숙일 수 없었고, 바닥에 떨어진 물건을 주울 수도 없었다. 코르셋을 너무 심하게 졸라매는 바람에 음식을 먹거나 숨을 쉬기가 어려워 어지러워하거나 심하면 의식을 잃는 경우까지 있었다.

여성들이 주체적이고 독립적인 존재가 아닌, 남성과 가문의 소유물로 살아간 역사는 오늘날 우리에게는 퍽

낯설고 이해하기 어려운 역사의 일면이다. 이러한 성역할은 남북전쟁을 계기로 크게 흔들렸고, 여성은 경제 활동에 적극 참여하고 정치에 관심을 표출(참정권 운동)하는 등 사회적 위상이 달라지게 되었다.

영화 《바람과 함께 사라지다》에서 잘록한 허리에 풍성한 치마폭의 드레스를 입은 스칼렛이 앉아 있고 주위에 남성들이 모여 있는 장면은, 당시 남부 문화를 고려하면 자연스럽다. 남성이 중심이 된 사교 문화 속에서 여성은 장식적 존재로 머물렀기 때문이다.

그런데 스칼렛이 도발적이고 당찬 모습으로 남성들과 대화를 나누는 것은, 정숙하고 품위 있는 여성상을 요구하던 시대 분위기와 달랐다. 스칼렛이 한껏 꾸민 모습을 보면 얼핏 그 시대가 요구하는 여성의 모습을 갖춘 것 같지만, 사실 그녀는 생각을 거침없이 드러내고 신념과 욕망에 따라 행동하는, 드문 여성 캐릭터였다. 그녀가 코르셋을 힘껏 조인 것은 남성의 환심을 사기 위한 목적만이 아니라, 아름다움에 대한 자기 만족 때문이었을 가능성이 크다. 세 번의 결혼 생활 동안 남편들과 대등한 관계를 유지하고 집안을 일으키며 사업을 이끄는 모습을 보면, 그녀가 대단히 능동적이고 주체적인 삶의 태도를 지녔음을 확인할 수 있다.

그 시대의 많은 여성들이 남성에게 선택받기 위해, 자신의 아름다움을 극대화하고자 코르셋을 착용했을 것이다. 그러나 스칼렛 오하라는 그렇지 않았다. 그녀에게 있어 코르셋은 속박이 아니라, 가혹한 현실에서 자신을 지켜주는 갑옷이 아니었을까. 어쩌면 그 시대에 선택받기보다는 스스로 선택하고, 끌려가기보다는 주도하는 삶을 산 여성들이 스칼렛 오하라 말고도 더 있었을지도 모른다. 시대를 거스르고 당당하게 살아간 이름 모를 그녀들에게 뜨거운 박수를.

반항심이 당신을 살게 한다.

Rebellion is the only thing that keeps you alive.

−마리안느 페이스풀

18
말 안장으로 시작된 명품계의 전설, 에르메스

　오늘날 에르메스는 명품 중에서도 명품으로 손꼽힌다. 버킨백으로 대표되는 에르메스의 인기는 그야말로 압도적이다. 다이아몬드가 박힌 화이트 히말라야 버킨백이 45만 달러(약 6억 5,000만 원)에 판매되었을 정도로 버킨백의 인기는 뜨겁다. 에르메스의 화려한 역사는 어떻게 시작되었을까. 시작은 지금과는 사뭇 달랐다. 가방이 아닌 말 안장으로 이름을 알렸으니까.

　1837년 파리 몽마르트르 언덕 아래에 작은 가죽 공

방이 문을 열었다. 공방의 주인공은 젊은 가죽 장인 티에리 에르메스였다. 그는 프랑스 상류층으로부터 말 안장과 마구 용품을 주문받아 제작했다. 그의 제품은 견고한 가죽, 섬세하고 정교한 기술, 고급스러운 디자인이 돋보였고 프랑스 왕실과 귀족에게 인기가 많았다. 프랑스 왕실에 납품되는 제품이라는 사실은 신뢰성과 호감을 올려주기에 충분했다. 1867년에 개최된 파리 만국박람회에서는 최고상을 수상하기도 했다.

1878년 티에리 에르메스가 세상을 떠나고 그 뒤를 이은 아들 샤를 에밀 에르메스는 1880년에 공방을 포부르 생토노레 24번가로 이전했다. 그는 아버지가 사망했던 해의 만국박람회에서 아버지와 마찬가지로 최고상을 수상했을 정도로 실력자였다. 그가 생산한 최상급 제품의 인기는 유럽 전역으로 확산되었다. 이쯤 되면 창업자의 빈자리가 훌륭하게 채워졌다고 평가할 수 있겠다.

에르메스의 첫 가방은 1890년대 혹은 1900년대 초에 출시된 것으로 알려져 있다. 안장과 부츠, 기타 액세서리를 휴대할 수 있도록 제작된 '오뜨 아 크루아(Haut à Courroies)'이다. 이 가방은 샤를 에밀이 남미를 여행하면서 얻은 영감을 토대로 제작되었는데, 20세기 초에 자동차가 등장하면서 여행 가방으로 변화해 버킨백의 원형이 되었다.●

1902년에 샤를 에르메스의 아들 에밀 모리스가 회사 업무에 참여했다. 에르메스의 혁신을 선도할 3세대로의 세대교체였다. 그로부터 몇 해 뒤인 1916년경 그는 북미 지역을 둘러보던 중 빠르게 성장하던 자동차 산업과 여행 문화의 변화를 접하게 되었고, 우연한 기회에 지퍼(Zipper)를 발견했다. 지퍼는 당시 유럽의 패션 분야에는 거의 알려지지 않았던 새로운 여밈장치였다.

1920년대 초반에 에밀이 에르메스를 실질적으로 단독으로 이끌게 되자, 그는 1922년 프랑스 내 의류 및 가죽 제품에 대한 지퍼의 독점적 수입·사용권을 확보하여 자사 제품에 적용하는 결단을 내리며 브랜드 혁신을 추

● 김기정, "버킨백, 켈리백 어떻게 다를까", 매일경제, 2023.12.7.

진했다. 또한 마구 제품을 만들 때 사용했던 '새들 스티치(Saddle Stitch)'를 모든 가죽 제품 제작 기준으로 삼았다. 새들 스티치란 밀랍을 입힌 실 양쪽 끝을 각각 바늘에 꿰어 두 개의 바늘을 이용해 겹쳐진 두 장의 가죽을 손으로 꿰매는 박음질로, 전통적인 수공 박음질 기술이다. 에르메스 버킨백이 명품이 될 수 있었던 것은 바느질을 꼼꼼한 수작업으로 진행하기 때문이다.●

또한 에밀은 여행, 자동차, 의류, 장신구 등으로 제품 영역을 넓혔다. 1937년에는 실크 스카프를, 1949년에는 남성용 실크 타이를 처음으로 제작하였다.

1951년에는 로베르 뒤마가 에르메스의 대표가 되었다. 딸만 넷이었던 에밀의 사위였던 그는 에르메스를 단순한 명품 브랜드를 넘어 문화적 아이콘으로 성장시켰다는 평가를 받는다. 뒤마가 디자인한 가방을 모나코 왕비가 된 배우 그레이스 켈리가 애용했는데, 임신 중 이

● 류서영, "새들 스티치 기법, 명품 에르메스 탄생 원동력", 한경비즈니스, 2021.5.2.

가방으로 배를 가린 일화는 너무나 유명하다. 본래 이 가방은 1930년대에 '오뜨 아 크루아'의 여성용 소형 버전(Petit Sac Haut à Courroies)으로 출시되었는데 그레이스 켈리로 인해 세계적인 인기를 얻게 되자, 에르메스는 1977년에 공식적으로 그녀의 이름을 따서 켈리백(Kelly Bag)이라는 명칭을 부여했다. 켈리백은 고급스럽고 우아한 가방의 대명사가 되었다.

1984년에는 또 하나의 신화가 시작된다. 배우 겸 가수인 제인 버킨은 우연히 비행기에서 에르메스 CEO 장 루이 뒤마 에르메스를 만나게 되었다. 그녀는 가방을 사용할 때의 불편함을 토로했고, 장 루이 뒤마는 즉석에서 냅킨에 새로운 가방 디자인을 스케치했다. 바로 버킨백의 탄생이었다. 버킨백은 기능성과 세련미를 완벽히 결합하여 명품 시장을 뒤흔들었음은 물론이고, 오늘날까지도 가장 인기 있는 가방으로 명성을 이어가고 있다.

에르메스에서 전 세계적 인기 제품은 켈리백과 버킨백 외에도 다양하다. 실크 스카프 까레(Le Carré)는 1937년 처음 선보인 이래 패션계에서 독보적인 지위를 누리고 있으며, 1969년 출시된 콘스탄스(Constance)백은 'H' 금속 버클이 유명하다.

가죽 공방에서 시작된 에르메스가 오늘날 세계적인 프리미엄 브랜드로 성장한 비결은, 뛰어난 장인 정신과 끊임없는 혁신이라고 할 수 있다. 에르메스 가죽 제품의 핵심은 전통적인 수작업 공법에 있다. 특히 엣지 버니싱(Edge Burnishing)이라 불리는 가죽 엣지 마감 기술은 숙련된 장인만이 구현할 수 있는데, 가죽 가장자리를 불에 살짝 그을려 단단하게 만들면서 부드러운 촉감을 유지하는 고난도 작업이다. 이러한 섬세한 공정은 제품의 내구성을 높일 뿐 아니라, 시간이 지나도 자연스러운 멋을 유지하게 해준다.

에르메스는 표면을 가공하지 않아 자연적인 모습을 간직한 풀 그레인(Full Grain) 가죽만을 사용하고 송아지 가죽, 악어 가죽 등 각 제품에 맞는 최상급 소재를 선별한다. 제품 완성 시간은 제품 종류와 디자인에 따라 다르겠지만 최소 18시간, 많게는 48시간에 이른다. 한 명의 장인이 처음부터 마감까지 전 과정을 책임진다. 에르메스는 제품을 만드는 장인을 육성하는 에르메스 스쿨도 세웠다.

에르메스의 역사는 단지 사치품 이야기가 아니다. 그 안에는 한 세기를 넘어 이어져 온 가족의 역사와 변치 않는 장인 정신이 깃들어 있다. 유명 패션 브랜드들이 대부분 대량 생산 체제로 바뀐 오늘날, 에르메스는 가방과 지갑 제품을 수작업으로 만들어내고 있다. 이로 인해 판매 개수는 타 브랜드에 비해 못 미치지만, 소비자에게 희소성 있는 제품이란 만족감을 선사했다. 여기에 일정 금액 이상의 매출액을 채운 고객만이 원하는 다음 제품을 구입할 수 있게 하는 전략이 더해져, 에르메스의 가치가 더욱 높아졌다. 이것이 에르메스가 가격 경쟁에 뛰어들 필요가 없는 본질적인 이유이다.

에르메스 가문은 전체 지분의 약 66%를 보유하여 흔들리지 않는 경영권을 유지하고 있다. 이는 외부에 영향을 받지 않고 경영 철학을 지키기 위한 것이다. 또한 예술과 문화에 대한 지원도 한다. 고가의 제품을 생산하고 부를 축적하는 기업이 아니라, 사회 구성원으로서 공동체에 책임을 다하는 기업의 이미지를 고객들에게 전하고픈 의도가 있는 것이다. 이렇듯 남다른 기술력과 전략을 바탕으로 에르메스는 전 세계 사람들이 가장 선망하는 브랜드가 될 수 있었다.

제1차 세계대전 때
영국군을 지켜준 트렌치코트

선선한 가을 바람이 불면 남성들이 옷장에서 꺼내는 옷이 있다. 바로 트렌치코트이다. 한 해가 저무는 가을, 왠지 모를 쓸쓸함과 트렌치코트는 찰떡처럼 잘 어울린다. 실용성이 높은 데다 격식과 분위기를 갖출 수 있으니 멋을 내고 싶은 이들에게는 너무나 좋은 의상이다.

트렌치코트는 언제 만들어졌을까. 1853년 영국 브랜드 아쿠아스큐텀은 트렌치코트의 전신이라 할 수 있는 방수코트를 개발했다. 세계 최초로 방수 처리가 된 양모 소재의 레인코트였는데 소재가 무겁다는 단점이 있었다. 이후 1879년에 토머스 버버리가 개버딘(Gabardine)이라는 신소재를 개발했고, 그걸로 코트를 만들면서 아쿠아스큐텀 제품보다 좀 더 인기를 끌게 되었다. 개버딘은 방수성과 통기성, 보온성이 뛰어나고 가벼운 원단으로, 순모와 순면 등 여러 섬유를 매우 촘촘히 짠 직물에 방수 처리를 한 것이다. 토머스는 개버딘에 대한 특허를 받았는데, 마 소재로 된 농부의 작업복에서 힌트를 얻었다고 알려져 있다. 포목상으로서 직물에 대한 이해도가 높았던 터라 가능했을 것이다.●

개버딘은 처음에 극지방 탐험가를 위한 옷 개발에 사용되었다. 남극 정복에 성공한 최초의 탐험가 아문센이 개버딘으로 만들어진 타이로켄 코트를 입었다. 이 옷은 버튼 없이 벨트로 앞을 여미는 디자인이었다.

개버딘이 대활약을 펼쳤던 때는 제1차 세계대전이었

● 명수진, "Luxury & Celebrity ④ Burberry 시간을 초월한 불멸의 코트", 포브스코리아, 2018.3.2.

다. 1914년, 유럽은 오스트리아 황태자 프란츠 페르디난트 부부의 사라예보 암살 사건으로 전쟁의 소용돌이에 빠져들었다. 제1차 세계대전 때 주요 전략으로 사용되었던 것이 참호전으로, 땅을 깊게 파서 군인들이 그 안에 들어가 몸을 숨기고 전투를 벌이는 작전이었다. 지속적인 비, 진흙, 냉기와 습기가 가득한 구덩이에서 오랜 시간을 보내야 했던 만큼 무겁고 방수가 되지 않는 울 소재의 옷은 불편함이 컸다. 영국군에게 기능성이 뛰어난 코트가 필요했던 만큼, 토머스가 개발한 개버딘 소재의 코트는 공식 군납 제품으로 채택되었다. 가벼운 소재에 방수와 방한 기능이 있고 각종 물품을 휴대할 수 있는 만큼 군인들의 만족도가 높았다.

토머스는 타이로켄 코트를 좀 더 발전시킨 코트를 제작했는데, 이것이 바로 트렌치코트다. 군인들을 위해 여밈 부분을 단추로 고정하고 계급장을 달 수 있는 견장, 탄약 주머니를 걸 수 있도록 고안된 벨트의 금속 D링, 손목 부분의 벨트, 가슴 플랩 등이 추가되면서 우리가 트렌치코트라고 부르는 형태가 완성되었다. 가슴 플랩이 우측에 있는 건 총을 쏠 때 개머리판이 가슴에 닿아서 옷이 닳거나 더러워지기 때문에 이를 방지하기 위해서이다.• 허리에 두르는 벨트는 착용자의 몸을 단단히 잡아주는 동시에 각종 장비를 걸 수 있는 실용적인 요소였다. 무릎까지 내려오는 길이는 병사들의 체온 유지에 도움을 주었다.

한편 트렌치코트의 전신을 개발한 아쿠아스큐텀은 군인들 대상의 방수레인코트를 개발해 크림전쟁에 이어 1, 2차 세계대전까지 영국군 장교들에 공급했다. 전쟁 이후 아쿠아스큐텀의 트렌치코트는 버버리와 함께 대중적인 사랑을 받았다.

극강의 실용성을 갖춘 영국군의 트렌치코트는 군인들의 신체를 보호하고 전투력을 높이는 데 기여했다. 전쟁은 과거의 전통적인 전투 방식에서 벗어나 참호를 중

● 김의향, "불멸의 트렌치코트, 토마스 버버리에서 다니엘 리까지", 조선일보, 2023.12.1.

심으로 대치하는 형태로 변모했고, 전쟁이 예상보다 길어짐에 따라 장병들의 사기 유지와 생존을 위한 실용적인 군인 복장의 가치가 높아졌다. 그런 면에서 트렌치코트는 단순한 복식이 아니라 군사 혁신의 산물이자, 전시 산업과 기술 발전의 상징이 되었다.

토머스 버버리는 전쟁이라는 극한 상황 속에서 병사들의 안전과 전투력을 지키기 위해 좋은 제품을 생산하기 위해 노력했다. 그가 군용 의복을 단순히 '입는 것' 이상의 의미로 보았고, '병사들의 보호막'이라는 신념으로 제품을 개선해 나갔기에 트렌치코트가 탄생할 수 있었다. 그야말로 참된 장인 정신이라고 할 수 있다. 혁신적인 소재 개발과 뛰어난 기능성을 강조한 제품을 개발한 덕분에 그의 브랜드 버버리는 럭셔리 브랜드로 자리매김하게 되었다.

전쟁이 끝난 후 트렌치코트는 일반에 빠르게 전파되었다. 남성들은 군에서 제대한 후에도 트렌치코트를 입었다. 영국 왕실의 패셔니스타로 꼽히는 에드워드 7세는 트렌치코트를 무척 좋아해서 외출할 때마다 "내 버버리를 가져오게"라고 말했다는 건 유명한 일화다. 왕실의 사랑을 받는 브랜드라는 사실은, 버버리 트렌치코트의 입지를 더욱 공고히 했다.

1920년대 전후엔 트렌치코트가 여성복 시장으로 확장된 것으로 보인다. 제2차 세계대전 때도 장교들은 트렌치코트를 입었으며, 영국 수상 처칠이 트렌치코트를 걸쳐 입고 군을 방문하거나 회의에 임하는 모습이 곧잘 언론에 노출되기도 했다.

1940년대에 제작된 할리우드 영화에서 트렌치코트를 입은 배우의 모습을 쉽게 찾을 수 있다. 1940년 개봉된 영화 《애수》에서 로버트 테일러가 군인용 트렌치코트를 입고 비비안 리를 바라보는 모습이 참 근사했다. 비극적으로 생을 마감한 연인을 그리워하는 로버트의 쓸쓸함과 처연함을 함께한 것도 트렌치코트였다. 1943년 개봉된 영화 《카사블랑카》에서는 험프리 보가트가 트렌치코트를 입고 페도라(중절모)를 눌러 쓴 모습이 수많은 여성들의 가슴을 두근거리게 했다. 가뜩이나 명성이 자자했던 트렌치코트는 유명인들의 사랑을 받고 더욱 견고하게 인기를 굳혔다. 남녀 모두의 사랑을 받았는데, 특히 세련된 남성미를 추구하는 이들에게 트렌치코트는 필수 아이템이었다.

트렌치코트는 오늘날도 변함없이 세대를 뛰어넘어 모두의 사랑을 받으며 거리에서, 스크린에서 존재감을 뽐내고 있다. 무자비한 전쟁을 견디고 일상까지 함께하고 있는 이 옷을 보면 실용성과 심미성을 겸비한 클래식은 영원할 수 있다는 확신이 든다.

스타일은 말하지 않고 자신을 표현하는 방법이다.

Style is a way to say who you are without having to speak.

―레이첼 조

20

혁명은
붉은 프리다를 입는다

　전 세계 여성 화가 중 프리다 칼로만큼 치열한 삶을 산 사람이 있을까. 18세의 어린 나이에 겪은 끔찍한 교통사고, 이로 인해 일생토록 겪은 신체적 고통, 남편의 지독한 바람, 세 차례 유산 등 그녀를 괴롭힌 사건을 일일이 나열하기조차 힘들다.

　그녀는 18세 때 일생 동안 지독한 고통을 안겨준 교통사고를 당했다. 그녀가 타고 있던 버스가 전차와 충돌하면서 골반과 척추, 갈비뼈가 모두 부러지는 중상을 입게 된 것이다. 당시 철제 막대가 그녀의 척추와 골반을 관통했는데, 이로 인해 나중에 임신을 세 차례나 했음에도 모두 유산하게 될 정도로 건강이 안 좋아졌다. 평생 수십 차례 수술을 받은 것도 모자라 오른쪽 다리마저 절단해야 했다. 그럼에도 이 같은 고난을 예술로 승화시켜 《두 명의 프리다》, 《가시 목걸이를 한 자화상》, 《부러진 기둥》, 《상처 입은 사슴》 등 훌륭한 명작을 남겼다. 그녀가 보여 준 불굴의 의지에 가슴 깊은 곳에서부터 존경심이 우러러 나온다.

프리다는 옷차림으로 자신의 정체성을 드러낸 것으로도 유명하다. 그녀가 구현한 패션은 그림만큼이나 강렬하고 상징적이다. 자화상과 사진으로 프리다가 자신을 표현한 방식을 알아볼 수 있다. 작고 여성스러운 체구, 그와 반대되는 느낌의 짙은 눈썹과 다부진 입술선, 아예 남성복을 입은 모습까지, 시종일관 당당한 자신을 드러내고 있다. 그녀는 어린 시절 그리고 성인이 되어서도 때때로 남장을 할 정도로 도발적이고 대담했으며, 독립적이고 강인한 여성성을 표현하고 싶어 했다.

이런 그녀의 마음은 의상으로 표출되었다. 그녀는 멕시코 오악사카 지역의 테우아나(Tehuana) 스타일의 전통의상을 즐겨 입었는데, 이는 멕시코 민중 그리고 원주민에 대한 애정의 표현이기도 했다. 프리다의 인생에 중요한 위치를 차지한 것 중 하나가 조국 멕시코였다. 멕시코는 1910년 대혁명으로 30여 년간 이어진 독재가 종식되고 헌법이 제정되고 토지개혁이 이뤄지는 등 대변혁이 일어났다.

혁명의 시대를 살아간 프리다는 평등한 사회, 여성해방, 원주민 존중 등의 가치를 예술에 녹여내고자 많이 노력했다. 1907년에 태어났으면서도 멕시코 혁명의 해인 1910년에 태어났다고 주장할 만큼 조국의 정치적 변혁에 함께하기를 바랐다. 그녀는 원주민의 문화를 재발견하고 존중하자는 사회 문화 운동인 멕시카니스모(Mexicanismo)를 실천하고 예술로 표현하고자 했으며, 억압받는 이들의 편에 서려고 노력했다.

멕시코에는 다양한 원주민 집단이 살고 있었는데, 그 중 테우아나 원주민 사회는 모계 중심으로 여성들이 강인하고 독립적 성향을 가지고 있다. 프리다는 이러한 점을 대단히 매력적으로 느꼈다. 강렬한 컬러의 의상을 즐겨 착용한 프리다는 액세서리도 그에 잘 어울리게 매치하였다. 왕관처럼 머리에 장식된 꽃, 우아한 올림머리, 볼륨감 있는 귀걸이와 목걸이 등 그녀의 스타일은 테우아나의 전통 의상에서 나온 것이다. 그녀의 여성성과 담대함을 보여 주기에 충분했다.

프리다는 색감을 사용하는 데 뛰어난 감각을 발휘했다. 프리다가 착용한 복식 그리고 작품에 사용한 색채는 사랑과 고통이 수없이 교차했던 그녀의 인생을 표출하는 수단이었다. 이는 디에고와 결혼한 이후 작품과 옷의 색감이 더욱 강렬해진 것으로 유추해 볼 수 있다.

그녀는 강렬한 천연색의 옷과 장신구를 즐겼고, 그림을 그릴 때도 다채로운 색을 사용했다. 붉은색은 프리다가 가장 선호한 색으로, 그녀는 자신의 육체적 고통, 요동치는 감정 그리고 멕시코의 정체성을 붉은색을 통해 강렬하게 표현했다.

그녀의 인생을 설명하는 색으로 푸른색도 빼놓을 수 없다. 푸른색은 멕시코 전통 문화에서 많이 나타나는 색이자, 그녀가 가장 아꼈던 '푸른 집(La Casa Azul, 현재 프리다 칼로 박물관)'의 색깔이기도 하다. 푸른 집은 그녀의 생가인 동시에 숨을 거둔 장소였다. 대체로 높은 채도와 낮은 명도의 그림을 그렸던 프리다는 자신의 보금자리를 선명한 푸른색으로 칠했다. 어쩌면 그녀를 얽매이던 모든 것들로부터 해방을 의미하는 건 아니었을까.

그녀의 일생에 영향을 미친 가장 중요한 인물은 디에고 리베라였다. 멕시코 벽화 운동을 이끈 민중 화가인 디에고는 프리다의 재능을 알아봐 주었고, 21세 연상이었음에도 그녀와 사랑에 빠져 결혼했다. 프리다는 그의 세 번째 아내가 되었다. 멕시코 민중의 삶을 표현하고자 노력하는 화가 디에고를 프리다는 깊이 존경했다.

하지만 그는 그녀에게 깊은 고통을 안겨주었다. 프리다는 그의 정치적 신념과 예술을 사랑했지만, 그를 "나의 두 번째 사고"라고 표현할 정도로 여성 편력에 깊이 상처받았다. 심지어 디에고는 프리다의 여동생과도 불륜을 저질렀는데, 그 일은 프리다에게 가장 치명적인 배신이었다. 그럼에도 프리다는 그를 떠날 수 없었다. 사랑하고 존경하면서도 증오와 절망을 함께 안겨주는 디에고에 대한 감정이 《디에고를 안고 있는 프리다》,《두 명의 프리다》,《부서진 기둥》,《디에고와 나》 등의 작품에 표현돼 있다. 그녀에게 디에고는, 극심한 고통을 겪게 하면서 삶을 이어가게 만드는 자기 육신과 다르지 않은 존재였을 것이다.

1930년대 후반, 프리다는 미국과 유럽을 방문하면서도 전통 의복을 고수했다. 뉴욕에서는 "이 여자는 도대체 어느 부족의 여왕인가?"라는 질문을 받았고, 파리 전시회에 초대되었을 때도 샤넬과 디올 스타일이 아닌 테우아나 스타일을 고수했다.

그녀는 몸이 아플 때도 자기표현을 멈추지 않았다. 버스 사고 이후 평생 철제 코르셋을 입어야 했는데, 그녀는 코르셋이 마치 캔버스인 것처럼 그림을 그렸고, 목발과 의족에 리본 장식을 달았다. 휠체어에 타거나 침대에 누워 있을 때도 반지와 팔찌를 착용하고 머리를 꽃으로 장식했다.

그녀는 프랑스 초현실주의자들과 교류했지만 스스로가 초현실주의자로 평가되길 원하지 않았다. 그녀가 표현하고 싶었던 것은 자신이 처한 현실이었다. 창의력과 상상력이 넘치는 그림은, 그녀가 겪은 고통을 시각화한 것이었다. 온몸에 화살을 맞은 사슴, 가시나무로 만들어진 목걸이, 하체에 피가 낭자한 채 누워 있는 모습, 몸에 못이 박혀 있고 철제 기둥으로 된 척추를 드러낸 채 눈물을 흘리는 모습 등이 그녀가 매일 싸워야 했던 고통을 표현한 것이다. 아울러 영혼 밑바닥에서는 멕시코에 대한 사랑이 흘렀다. 그녀는 자신의 온몸과 작품을 통해 이 두 가지를 표현해냈다.

1954년, 프리다는 코요아칸의 푸른 집에서 47세의 나이로 세상을 떠났다. 생의 마지막 날, 그녀는 어떤 생각을 했고, 어떤 감정을 느꼈을까. 《인생이여, 만세》라는 유작을 통해 생의 마지막에 선 소회를 상상해볼 뿐이다.

그녀는 생의 모든 순간 수많은 고통을 감내했다. 그럼에도 꺾이지 않았고 끝끝내 아름다운 예술을 꽃피웠다. 오늘날 수많은 예술가들이 자신의 작품을 통해 사회에 메시지를 던지고 있으며, 패션 명가에서는 그녀를 모티브로 하는 의상과 아이템들을 제작한다. 돌체앤가바나는 프리다의 머리 장식과 의상에 영감을 얻어 플로럴 패턴과 자수가 돋보이는 컬렉션을, 크리스챤 디올은 프리다 칼로가 구현한 멕시코 전통 의상을 오마주한 컬렉션을 발표했다. 이 모든 것이 그녀가 남긴 유산인 것 같아 가슴이 뭉클해진다.

프리다 칼로는 떠났지만, 그녀의 모든 것이 남겨진 채 우리에게 말을 걸어온다. 이 정도면 그녀의 혁명이 완성되었다고 봐도 되지 않을까. 혁명가의 영혼에 경의를 표한다.

나는 꿈이나 악몽을 그리지 않는다.
나의 현실을 그린다.

I never paint dreams or nightmares. I paint my own reality.

샤넬과 스키아파렐리,
세기의 패션 대결

　1930년대의 어느 날 여성 디자이너 코코 샤넬과 엘사 스키아파렐리는 같은 파티에 참석했다. 분위기가 무르익어갈 무렵, 갑자기 비명 소리가 울려 퍼졌다. 스키아파렐리의 옷에 불이 붙은 것이다. 다행히 다치지 않고 무사히 불을 끌 수 있었지만 예쁘게 차려입은 옷은 엉망이 되었다. 이런 일이 벌어진 건 샤넬 때문이었다. 그녀가 실수로 촛불이 있는 쪽으로 스키아파렐리를 밀었다는 것이다. 샤넬은 사과했지만 스키아파렐리의 마음속에 남아 있는 찜찜함은 걷히지 않았다.

이 일화는 패션사를 연구하는 이들 사이에서 전해지는 얘기다. 실제로 일어난 일인지는 확인되지 않았다. 믿거나 말거나에 가까운데도 사람들이 흥미를 갖는 이유는, 샤넬과 스키아파렐리의 라이벌 관계를 설명하는 데 안성맞춤이기 때문이다.

샤넬과 스키아파렐리는 20세기를 대표하는 여성 디자이너라 할 수 있다. 비슷한 시기에 활동했지만, 두 사람은 극명하게 다른 특징으로 패션사의 한 페이지를 장식했다.

코코 샤넬이란 별칭으로 더 유명한 가브리엘 보뇌르 샤넬은 여성복에 불필요한 부분이 많다고 판단해서 활동성과 실용성, 절제미를 강조한 디자인을 고안했다. 코르셋을 제거하고, 남성복의 디테일을 여성복에 도입하여 단순하면서도 우아한 디자인을 구현했으며, 유행에 흔들리지 않는 '타임리스(Timeless)' 스타일을 만들었다.

그녀의 디자인에는 과거의 경험이 영향을 미쳤을 것

으로 보인다. 샤넬의 집안은 굉장히 가난했다. 어머니는 일찍 돌아가셨고 아버지는 유흥을 즐기는 망나니였다. 그는 어린 샤넬을 비롯한 자녀들을 수녀원에 맡겼다. 샤넬이 수녀원에서 보게 된 검은색 수녀복의 단순한 디자인은 훗날 샤넬룩에 큰 영향을 끼쳤다. 샤넬은 어린 시절 경험 때문에 누군가에게 의지하지 않는, 대단히 독립적인 여성으로 성장하게 되었다. 심지어 연애할 때도 남성이 선물을 보내 마음을 표현하면 선물의 값에 해당하는 돈을 돌려보낼 정도로 남성을 믿지 않았다.

샤넬은 항상 독립적인 여성성을 표현하고자 노력했으며, 이러한 철학하에 여러 혁신적인 제품을 만들었다. 1921년에 샤넬 No.5 향수를 만든 것 또한 과거와는 전혀 다른 새로운 여성, 가장 여성스러우면서도 현대적 세련미를 갖춘 여성상을 구현하기 위해서였다.

1926년 《보그》지에 처음 소개된 리틀 블랙 드레스(Little Black Dress)는 무릎 위까지 오는 길이의 심플한 칵테일 드레스로, 오늘날까지 전 세계 여성복의 기본 아이템으로 자리 잡았다. 제2차 세계대전이 종전된 후 한동안 은퇴했다가 1954년 70세의 나이로 복귀한 후 선보인 트위드 투피스 슈트(Tweed Two-Piece Suit)는 독립적이고 세련된 여성상을 대변했다. 또한 1955년 출시된 퀼팅 체인백(Quilted Chain Bag)은 활동성과 럭셔리함을 결합시켜 패션사에 길이 남는 역사적인 아이템이 되었다.

이런 그녀가 라이벌로 생각한 단 한 사람이 엘사 스키아파렐리였다. 스키아파렐리는 샤넬과 달리 이탈리아의 부유한 가문 출신으로 부족함 없이 성장했다. 그녀는 대단한 상상력으로 기성 패션의 틀을 깨는 과감한 창조자였다. 트롱프뢰유 스웨터, 하이힐을 거꾸로 쓴 형태의 모자(Shoe Hat), 손톱이 있는 장갑 등을 보면 그녀의 상상력과 창의적 시도에 존경심이 들 정도다. 특히 입체적 물체를 평면화시켜 표현하는 트롱프뢰유 기법을 의상 제작에 접목하여, 몸통 부분 색실과 다른 색실로 목 칼라와 리본, 소맷단을 표현해낸 트롱프뢰유 스웨터는 많은 이들을 놀라게 했다. 의상에 처음으로 지퍼를 사용한 것도 스키아파렐리였다.

특히 초현실주의 미술가들과 협업하여 신체를 왜곡하거나 확대하는 디자인을 시도하면서 전통적인 여성성의 고정관념에 도전했다. 초현실주의 거장 살바도르 달리와 협업해서 만든 의상이나 소품은 그 자체가 예술 작품이라 불러도 손색이 없다. 1937년의 랍스터 드레스(Lobster Dress), 1938년의 눈물 드레스(Tear Dress)와 뼈대 드레스(Skeleton Dress)를 보면 그녀에게 패션은 단순한 '입는 것'을 넘어, 상상력을 시각적으로 구현하는 매개체였다는 생각이 든다.

샤넬과 스키아파렐리의 공통점이 있다면 두 사람 다 과거의 여성성에서 벗어나고 싶어 했다는 것이다. 다만 샤넬은 여성의 자연스러운 아름다움을 끌어내면서 실용성을 강조한 방식이었고, 스키아파렐리는 대단히 파격적이고 예술적인 방식으로 새로운 미학을 구축했다.

승승장구하던 두 디자이너에게 제약을 준 것은 제2차 세계대전의 발발이었다. 프랑스를 비롯한 유럽이 나치 독일의 점령하에 놓이면서 패션계는 큰 타격을 입었다. 정부는 의복 생산량과 옷감 사용 등을 규제하였고, 이로 인해 의상 디자인에도 변화가 불가피했다. 화려함과 개성의 표현보다는 실용성을 추구해야 했다. 샤넬은 파리의 오트 쿠튀르 하우스를 닫았고, 스키아파렐리 역시 파격적인 디자인이 설 자리를 잃어 파리에서 활동을 중단했다.

전쟁이 있던 시절의 패션은 생존에 꼭 맞는 형태이면서 욕망을 규제하는 방식으로 변화하였다. 여성들은 실용적인 노동복을 입고 경제 활동을 위해 집을 나섰다. 화려하고 아름다운 옷을 입을 수 있는 사회적 분위기가 되지 못했다. 그러나 1945년 전쟁이 끝나자 사람들은 새로운 희망을 꿈꾸며 평범한 일상의 재건, 여성성의 회복에 관심을 갖게 되었다. 이때 유행했던 트렌드는 크리스찬 디올의 뉴룩(New Look)으로 대표되는, 여성이 가진 고유의 아름다움을 부각하는 것이었다. 가슴을 강조하고 허리를 잘록하게 조이며 치마를 풍성하게 하는 등 여성 신체의 곡선미를 강조하는 디자인이었다. 디올은 여성이 가정적이고 안정 지향적이고 여성으로서 사랑받기를 원한다고 믿었기에, 여성이 꽃처럼 보일 수 있는 디자인을 만든 것이었다. 디올의 뉴룩은 전쟁으로 억눌렸던 '여성으로서의 자기표현'에 대한 욕망을 자극하기에 충분했고, 대성공을 거두었다.

샤넬은 디올과 상반된 생각을 가졌다. 여성의 곡선미를 강조하느라 신체를 옥죄는 형태의 디자인을 선호하지 않았고, 자유로운 활동을 할 수 있는 직선형 실루엣을 선호했다. 2차 세계대전 당시 나치 스파이 활동을 했다는 의혹으로 약 15년 가까이 은둔생활을 하던 그녀는, 1954년 패션계로 복귀해 트위트 슈트를 발표하면서 독립적이고 주체적인 여성상을 제시했다. 전쟁 중 투박한 작업복을 입어야 했던 여성들은 샤넬의 트위드 슈트로 인해 당당하고 세련된 아름다움에 대한 갈망을 충족할 수 있었다. 트위트 슈트는 간결하고 품격 있는 이미지와 실용적인 여성복의 상징이 되었다.

스키아파렐리는 1950년대 초 재도약을 시도했으나,

디올의 뉴룩(New Look)과 같은 새로운 트렌드에 밀려 시장에서 경쟁력을 잃고 말았다. 스키아파렐리 브랜드는 1954년 파산 선언에 이어 1957년 향수 산업으로 전환하면서 역사 속으로 사라졌다가, 2007년 이탈리아 브랜드 토즈가 엘사 스키아파렐리의 저작권을 매입해 브랜드를 재설립함으로써 부활하게 되었다. 21세기 들어 부활한 메종 스키아파렐리는 여전히 '상상을 현실로 만드는' 오트 쿠튀르 정신을 계승하고 있다.

샤넬은 여성복을 실용적으로 바꾼 '타임리스 디자이너'였다. 그녀의 디자인은 100여 년이 지난 오늘날까지 가장 클래식한 의상의 대명사로 자리 잡고 있다. 반면 스키아파렐리는 예술과 패션을 결합시킨 '혁명가'였다. 뛰어난 상상력을 바탕으로 다양한 실험적 시도를 하여 패션을 예술로 한 차원 격상시켰고, 옷을 단지 '입는 것'이 아닌 '즐기는 것'이란 개념을 더해주었다.

두 디자이너는 전쟁이라는 커다란 역경 속에서도 꺾이지 않고 자신의 길을 갔다. "세상은 고난으로 가득하지만, 그것을 극복하는 일로도 가득하다"는 헬렌 켈러의 말처럼, 그들은 자신의 삶에 찾아온 어려움을 극복하기 위한 노력을 아끼지 않았다. 물론 완벽하지 않았고 샤넬의 경우 비난받을 행위를 한 적도 있었으나, 자신의 일에 대한 열정만큼은 인정할 만하다.

두 사람은 서로 다른 삶을 살았지만, 여성이 의상을 통해 자신의 정체성을 드러낼 수 있도록 길을 열어주었다는 공통점이 있다. 이들이 남긴 유산은 앞으로도 수많은 예술가와 디자이너에게 영감으로 작용할 것이다.

앞으로 인류 역사에 이들과 같은 디자이너가 다시 존재할 수 있을까. 만약 그럴 수 있다면 또 어떤 혁신이 탄생하게 될까. 상상만으로도 가슴이 두근거린다.

22
화학 섬유 혁명의 그늘, 프라다 열풍에 앞서 기억해야 할 것

전쟁은 수많은 생명이 희생되고 삶의 터전이 파괴되는 비극이다. 그러나 한편으로 문명이 발전하거나 교류하는 계기가 된 것 또한 부정할 수 없는 사실이다. 중세 시대 십자군 전쟁은 단순한 무력 충돌에 그치지 않고, 유럽과 이슬람 세계 간 문화·예술·과학·상업의 활발한 교류를 불러일으켰다. 이를 통해 향신료, 직물 기술, 의학 지식뿐 아니라 기하학과 천문학까지 전파되어 르네상스와 근대 산업혁명의 토대를 마련하는 데 큰 역할을 하였다. 결국 전쟁은 거대한 상처이면서도, 인류 문명의 큰 진보를 가능케 하는 기술 DNA를 깨우는 계기였던 셈이다.

두 차례에 걸친 세계대전은 새로운 의류 소재 개발의 촉매 역할을 했다. 전쟁 중 섬유 자원이 부족해지고, 전투 환경에 걸맞는 옷이 절실해지면서 새로운 소재 개발이 이루어졌다. 앞서 소개했듯이 토머스 버버리는 가볍고 방수·방한이 잘 되는 개버딘(Gabardine) 소재를 개발해내 영국군의 참호전투 수행에 큰 도움이 되었다.

레이온(Rayon)은 전쟁 관련 의복과 용품을 만드는 데 매우 중요한 소재였다. 레이온은 세계 최초로 개발된 재생 섬유로, 프랑스 화학자 위고 드 샤르도네가 1889년 파리 만국박람회에서 처음으로 선보였다. 면이나 나무 펄프 등의 천연 셀룰로오스를 화학 처리한 뒤 실을 뽑아서 만든 것인데, 실크처럼 부드럽고 광택이 좋아 천연 실크 대체재로서 '인조 실크(인견)'라고도 불리며 드레스·블라우스·커튼·침구 등의 소재로 사용되었다. 천연 소재에서 나온 것이라 친환경적이라고 생각하는 이들이 많은데, 화학적 가공 과정을 거친 반합성 섬유 혹은 재생 섬유이다.

레이온이 최초로 개발되었을 때 습기를 잘 흡수하는 성질이 있어 습기가 지나치게 많아지면 강도가 떨어지고 수축·변형이 일어나고, 불이 잘 붙는다는 단점이 있었다. 이런 문제를 비스코스 공정을 거쳐 해결할 수 있었다. 비스코스 공정이란 셀룰로오스를 알칼리와 이황화탄소로 처리해 점성이 높은 비스코스 용액을 만들고, 이를 방사하여 셀룰로오스가 재생돼 레이온이 만들어지는 과정을 말한다. 그리하여 1905년에 영국에서 레이온이 대량 생산되기 시작했다. 비스코스 레이온은 가벼우면서 강도 높은 소재여서 1, 2차 세계대전 당시 군복뿐 아니라 타이어와 낙하산, 의료 붕대, 거즈 등을 만드는 데에도 사용되었다.

1935년 미국 듀폰사의 월리스 캐러더스는 나일론(Nylon)을 개발했다. 합성 폴리아미드 섬유인 나일론은 내구성과 신축성이 뛰어나 '실크보다 강한 섬유'라는 평을 받았다. 1939년에 듀폰사는 미국 뉴욕 세계 박람회에서 나일론으로 만들어진 스타킹을 처음으로 공개했고, 뒤이어 1940년 5월에 나일론 스타킹 제품을 만들어 팔기 시작했다. 실크처럼 반질반질한 광택, 뛰어난 탄력성, 실크보다 더 튼튼한 내구성으로 인해 나일론 스타킹은 선풍적인 인기를 끌게 되었다. 당시 실크 스타킹이 59센트인데 비해 나일론 스타킹은 1달러 25센트로 두 배나 비쌌지만, 나일론 스타킹을 사고 싶어 하는 여성들이 백화점마다 긴 줄로 늘어섰다.● 언론에서도 '기적의 섬유'라고 칭송할 만큼 화제가 되었다.

나일론이 한 차원 다른 활용도를 보인 것은 제2차 세계대전 때였다. 미국은 군용 낙하산과 로프, 군복 등 군수품을 만드는 데 나일론을 사용했고, 그 결과 나일론 품귀 현상이 일어나 여성들은 나일론 스타킹을 신기 어렵게 되었다. 스타킹을 신지 못해 맨다리를 드러내게 된 여성들이 면도나 제모를 하게 되었다는 얘기가 전해진다.

● "기적의 신소재 나일론의 탄생", 연합뉴스, 2015.10.27.

합성 섬유 중에 아크릴(Acrylic)을 빼놓을 수 없다. 아크릴을 처음 개발한 회사 역시 미국의 듀폰사였다. 듀폰사는 세계 최초로 아크릴 섬유 상용화에 성공해, 1950년에 오를론(Orlon)이라는 브랜드를 만들었다. 아크릴은 가볍고 부드럽고 보온성이 뛰어나지만, 정전기와 보풀이 잘 생긴다는 단점이 있다. 스웨터, 코트나 재킷 안감, 담요, 커튼, 카펫 등의 소재로 널리 쓰였으며, 모피와 양모의 질감을 닮아 '인조 벨벳'으로 인기를 끌었다.

이처럼 세계대전은 천연 섬유 부족 문제 해결을 위한 연구를 촉진하였고, 전쟁 이후엔 신소재가 급속도로 보급되면서 현대 패션을 완전히 바꾸어 놓았다.

화학 섬유 개발로 인한 패션 혁신의 중심에 선 브랜드가 바로 프라다(Prada)이다. 프라다는 1913년 밀라노에서 가죽 가방과 액세서리를 판매하는 작은 가게에서 시작되었다. 고급스러운 제품을 파는 부티크였던 프라다를 글로벌 명품 브랜드로 변모시킨 인물은, 창업자 마리오 프라다의 손녀인 미우치아 프라다였다. 미우치아는 정치학 박사 출신으로 패션을 전공하지 않았음에도 집안의 DNA를 물려받아 1978년에 대표를 맡은 후부터 기존의 가죽 제품 중심이었던 프라다의 틀을 깨고 혁신적인 제품을 선보이기 시작했다.

대표적인 제품이 나일론을 소재로 한 백팩 벨라(Vela)를 출시한 것이다. 벨라의 소재는 군수용 나일론인 포코노(Pocono)인데, 가볍고 방수성과 내구성이 뛰어나면서 광택 때문에 고급스러운 느낌을 준다. 가죽과 실크가 아니어도 얼마든지 세련미와 고급스러움을 연출할 수 있다는 사실은 패션계에 반향을 일으켰다. 미우치아 프라다는 현재까지도 프라다의 크리에이티브 디렉터로 활동 중이며, 프라다 백팩은 오늘날까지도 많은 이들의 사랑을 받고 있다.

그런데 이렇게 혁신적인 합성 섬유들의 이면에는 심각한 환경 문제가 존재한다. 나일론·아크릴 등은 모두 석유에서 추출된 원료를 화학 처리하여 만들어진 물질로, 자연 상태에서 거의 분해되지 않아 미세 플라스틱 형태로 바다와 토양을 오염시키고 생태계를 위협한다. 세계자연보전연맹 자료에 따르면 해양 유입 미세 플라스틱의 35%는 미세 섬유, 즉 옷에서 발생한다. 바다로 유입된 미세 플라스틱은 북극 빙하에서까지 발견된다.● 처음엔 이 같은 사실이 주목받지 못했다가 2000년대에 들어서 알려졌고, 환경 보존을 위해 반드시 해결해야 할 숙제가 되었다. 그래서 최근 들어 의류의 재활용과 아울러 생분해성 섬유 개발, 세탁 방식 개선 등이 대안으로 떠오르고 있다.

인간은 본질적으로 욕망의 동물이며, 그 욕망에 의해 역사적 발전을 이뤄왔다. 인간은 언제나 질 좋고 편리한 소재를 원하게 되어 있고, 이러한 갈망이 화학 섬유 발달을 촉진한 것이다. 특히 1, 2차 세계대전이 가져온 화학 섬유 혁명은 단지 전쟁 속 필요에 의해 탄생한 기술 이상의 의미를 지닌다. 인간의 욕망·상상력·도전 정

● 장미진, "합성 섬유 의류 얼마나 구입하시나요?", 파인드비, 2022.7.20.

신·불굴의 의지가 뭉쳐서 전통적인 패션 소재의 한계를 뛰어넘는 혁신을 이룩하였다. 프라다를 비롯한 여러 거대 브랜드가 탄생하게 된 배경이기도 하다.

    그러나 화학적 공법으로 만들어진 의상이나 용품이 각광받을수록 환경에 좋지 않은 영향을 미치는 것은 분명한 사실이다. 당연한 것 같은 인간의 욕망이, 인간이 속한 환경을 파괴시킬 수 있다는 것, 이것이 우리가 가지고 있는 딜레마이다. 화학 섬유를 앞세운 브랜드의 인기에 마냥 박수치기보다는, 환경과 공존할 수 있는 산업 발전을 진지하게 고민해야 할 때이다.

23

미니 스커트의 그녀들, 메리 퀸트와 윤복희

『82년생 김지영』이라는 페미니즘 소설이 큰 인기를 얻었던 때가 있었다. 김지영이라는 주인공이 태어나 성장하면서 여성이기 때문에 겪은 불합리와 차별을 담은 이야기다. "마치 내 이야기 같다"면서 공감을 표하는 여성들이 많았던 반면, 여성에 대한 사회적 위상을 과장하거나 왜곡했다는 비판도 있었다. 이 소설을 둘러싼 논쟁은 결국 여성의 사회적 위상이 무엇이었는지를 되짚어 보게 만든다.

인류사를 돌아보면 여성의 사회적 위상은 시대에 따라 변화를 겪었음을 확인할 수 있다. 고대 사회에 남성은 바깥에서 사냥하고 외부의 위험으로부터 가족을 보호하는 일을 했다면, 여성은 아이를 낳아 키우는 등 가정을 돌보는 일을 맡았다. 차별이라기보다는 남녀 역할이 구분되었고, 여성이 씨족을 존속시키는 역할을 맡아 사회적 위상이 높았던 시절도 있었다.

하지만 서양 문명의 원류라 할 수 있는 고대 그리스·로마 시대에서는 여성이 남성보다 불리한 위상을 가지고 있었다. 남성은 집안의 가장으로서 여성보다 우월한 존재로 인식되었고, 정치·사회 전반적으로 주도적인 역할을 했다. 그에 반해 여성은 정치 참여를 할 수 없었고 아이를 키우고 가정을 꾸려가는 역할을 맡았다. 남성의 말에 순종해야 했으며, 마치 남성에 속한 소유물처럼 인식되었다. 여성에게는 남편을 향한 지고지순한 사랑과 순결이 요구된 반면에, 남성은 여러 여성들과 관계를 맺는 것이 용인되었다. 『그리스·로마 신화』를 보면 가부장적인 사고를 고스란히 느낄 수 있다.

이러한 남녀에 대한 인식은 중세 시대까지 이어지게 된다. 특히 기독교의 영향으로 여성은 순결함과 가정에서의 역할이 강제되었다. 다만 남편이 부재할 때 그를 대신해서 크고 작은 일을 맡는 것이 허용되었다. 남성처럼 정치·사회적으로 직책을 맡았던 것은 아니지만, 남성을 보좌하면서 영향력을 미치는 자리에 있었고 농사를 짓고 무역을 하는 등 경제 활동에 적극 참여했다. 여성의 사회적 역할은 근대에 들어서도 크게 달라지지 않았다.

우리나라는 어땠을까. 우리 민족은 서양과 달리 고대부터 고려 시대까지 여성의 사회적 위상이 낮지 않았다. 남성이 정치·사회적 역할을 하고 여성이 가정을 돌보는 일을 한 건 서양과 동일하지만, 남성에 비해 차별적이고 억압적 위치에 있었던 건 아니었다. 특히 고려 시대에서는 여성도 남성과 동등하게 상속권을 보장받고 제사를 주도할 수 있는 등 비교적 평등한 위치에 있었다.

그러나 조선 시대로 넘어오면서 유교의 영향으로 가부장적 이념이 확산되었다. 여성들은 순결, 남성에 대한 복종, 재혼 금지 등의 사회적 규율에 시달렸고, 순결을 잃은 여성은 죽음으로써 명예를 지키길 강요받았다. 다행스럽게도 오늘날 이러한 구습은 더 이상 발을 붙이지 못하게 되었다.

18~19세기에 전 세계적으로 여성의 정치 참여를 요구하는 '참정권 운동'이 확산되면서 여성도 남성과 동일한 교육을 받고 권리를 가져야 한다는 주장이 높아졌다. 가장 먼저 선구적인 조치를 취한 국가는 뉴질랜드였다. 뉴질랜드는 1893년 세계 최초로 여성 참정권을 인정하는 법안을 통과시켰다. 이후 영국(1918, 1928년), 미국(1920년), 프랑스(1944년), 일본(1945)이 참정권을 인정했다. 우리나라는 1948년 제헌 헌법을 통해 남녀 모두 차별 없이 투표할 수 있도록 참정권을 보장했다. 이로써 여성은 가정의 일부이자 남성에 속한 존재가 아닌, 주체성 있는 존재로 우뚝 서게 되었다.

여성 참정권 운동이 정치적으로 여성의 위상을 바꿨다면, 패션사적으로는 또 다른 사건이 있다. 바로 미니 스커트의 등장으로, 1965년경 영국 런던에서 활동하던 디자이너 메리 퀀트가 그 역사를 열었다.

퀀트는 영국의 킹스 로드에 바자(Bazaar)라는 이름의 부티크를 열고 이곳에서 기존 패션의 틀에 반하는 짧은 스커트를 선보였다. 격식과 예의를 중요시하며 종아리 아래까지 내려오던 치마 길이를 짧게 줄였다. 또한 의상을 만들 때 A라인 실루엣과 나일론·PVC 등 신소재를 사용해 활동성을 높였다.

사실 짧은 치마는 1920년대에 처음 등장했다. 그런데 '미니 스커트'란 이름을 붙이고 세계적으로 유행시킨 당사자는 퀀트였다. 메리 퀀트는 미니 스커트를 단순한 의복이 아니라 억압된 사회 분위기 속에서 여성의 자유로운 영혼을 끌어내는 수단으로 여겼다. 여러 언론 인터뷰에서 그녀는 "미니 스커트는 내가 만든 게 아니라 소녀들이 원한 것이고, 난 그것을 제공한 것뿐이다"라고 밝혔다. 2023년 4월 메리 퀀트가 별세했을 때 BBC 방송은 그녀의 미니 스커트를 "신여성의 해방을 상징하는 의복"이라고 했으며, CNN은 그녀가 "패션의 새시대를 열었다"고 평가했다.●

당시 영국을 비롯한 유럽은 미니 스커트에 어떻게 반응했을까. 찬반이 팽팽하게 대립했다. 런던의 젊은 여성들은 미니 스커트에 열광했다. 신문과 잡지 표지에 짧은 치마를 입은 모델들이 등장했고, 당시 패션 아이콘으로 손꼽히는 모델 트위기(Twiggy)가 숏컷과 강렬한 눈화장을 하고 미니 스커트를 입은 모습은 여성들에게 선망의 대상이 되었다.

이 시기의 런던을 '스윙잉 런던(Swinging London)'이라고 부를 만큼 혁신적인 트렌드가 사람들 사이를 휩쓸었다. 그러나 전통적 가치관을 중시하는 기성세대와 일부 언론은 이를 '품위의 붕괴'라며 비난했고, 교회와 보수 단체에서는 거리에서의 미니 스커트 착용을 제한하라며

● "'미니스커트·핫팬츠 선구자' 英디자이너 메리 퀀트 별세", 파이낸셜뉴스, 2023.4.14.

목소리를 높였다.

그럼에도 불구하고, 미니 스커트는 전 세계로 전파되었다. 많은 여성들이 미니 스커트를 입음으로써 전통적인 성 역할에서 해방돼 진정한 자유를 획득하고 싶어 했다. 또한 미니 스커트는 미니멀리즘이라는 패션 사조의 상징이기도 했다. 옷의 길이를 줄이고 장식을 배제해 실용성을 높인 미니멀리즘은 자유와 해방이라는 바람에 휩쓸린 젊은층의 욕구에 부합했다. 이러한 거대 변혁은 아시아의 한 나라, 한국에까지 모습을 드러냈다.

1960년대 후반, 대한민국은 경제개발에 여념이 없었다. 모든 걸 바꿔보겠다는 의지가 컸지만 막상 과거의 규범과 통념은 여전히 망령처럼 사람들을 붙들고 있었다. 가난에서 벗어나겠다는 일념으로 여성들이 산업 전선에 뛰어들었으나 여전히 집안을 일으키는 희생적 역할을 하는 데 불과했다. 드라마와 영화에서 표현되는 여성상 역시 희생과 헌신, 즉 신파 그 자체였다.

이런 시대적 분위기 속, 1967년 3월 30일 세종호텔에서 열린 패션쇼는 한국 패션사에 이정표를 세웠다. 이 쇼를 기획한 이는 디자이너 박윤정이었고, 무대 위 모델 중 한 명은 당시 신예 가수 윤복희였다. 그는 무릎 위로 시원하게 올라간 미니 스커트를 입고 런웨이를 걸었고, 같은 해에 발표한 앨범 재킷에도 당당히 미니 스커트 차림의 사진을 실었다.● 이때 입은 미니 스커트는 윤복희가 직접 만든 것이었다. 윤복희의 미니 스커트는 엄청난 화제를 불러일으켰다. 여성들은 너도나도 미니 스커트를 입기 시작했다.

보수적이고 가부장적인 한국 사회는 큰 충격을 받았다. 일부 언론과 기성세대는 "풍속을 해친다"는 이유로 비난했고, 선정성 논란이 일었다. 정부는 미니 스커트 착용을 금지하는 경범죄 처벌법을 만들었으며, 경찰이 자를 들고 다니며 단속했다. 그럼에도 미니 스커트 열풍을 막을 수 없었다.

● 이상국, "치마 짧다고 단속하던 36년 전 미니스커트 유행시킨 윤복희", 중앙일보, 2009.4.27.

윤복희의 미니 스커트는 오래된 관습에 갇혀 있던 여성들에게 새로운 세계로 나아가는 문이 되어 주었다. 이후 수많은 여성들이 패션을 통해 자기표현을 할 수 있게 되었다.

메리 퀀트와 윤복희는 같은 시대를 풍미한 예술가이다. 그녀들과 같은 선구자가 있었기에 오늘날 여성들은 사회적 억압이나 속박 없이 '나다운 옷'을 입을 수 있게 되었다.

지금도 여전히 여성이 구속과 억압으로 신음하는 지역이 지구 어딘가에 있다. 국가 권력이나 종교의 압제로, 옷은 물론이고 자신의 삶을 마음대로 영위할 권리를 박탈당하고 있다. 그녀들에게도 자유와 해방의 물결이 닿을 수 있을까. 현실은 암울해 보이지만, 반드시 그럴 것이다. 아무리 폭풍이 휘몰아쳐도 결국은 잠잠해지고, 역사는 결국 더 나은 방향으로 흘러가게 될 테니까.

억압된 시간을 살아가는 이들에게 마침내 찬란한 해방이 도래할 수 있기를, 그들을 위한 연대가 점점 더 강력해질 수 있기를 희망한다.

24

한민족의 백의 그리고 앙드레 김

오래전부터 한민족은 백의민족(白衣民族)이라는 별칭으로 불려왔다. 중국의 여러 문헌에 우리 조상들이 신분 구분 없이 흰옷을 숭상했다는 기록이 있다. 흰옷 사랑이 단지 어느 시대에 국한된 게 아니라 고대로부터 근대까지 끊이지 않고 이어져 내려왔다는 것이다.

그렇다면 왜 우리 민족은 흰옷을 좋아했던 것일까. 우리 민족은 대마 줄기 껍질에서 얻은 섬유로 짠 삼베, 모시풀의 줄기 섬유로 만든 모시, 누에고치에서 뽑은 실로 짠 명주, 목화솜에서 뽑은 면사로 짠 무명 등등 여러 직물로 옷을 만들었는데, 삼국시대부터 발달된 염색 기술 덕분에 다양한 색감의 옷을 지어 입을 수 있었다. 다른 옷 색깔이 없었다는 게 아니라 가장 사랑받은 색깔이 흰색이라는 뜻이다.

여기서 흰색이란 일반적으로 우리가 알고 있는 새하얀 색만이 아니라 무명, 삼베, 모시 등에 염색이나 표백을 하지 않아 고유의 색 그대로인 것까지를 포함한다. 즉 옷감을 막 만들었을 때 밝고 담백한 미색, 오래 사용해 빛바래진 누런색 등도 우리 민족은 흰색이라고 여겼다. 염색 기술이 일찍부터 발전했음에도 자연섬유의 색감을 선호한 이유는 무엇이었을까. 이는 빛을 숭상하고 태양을 숭배하는 제천(祭天) 사상 그리고 우리 민족의 역사와 함께 해온 여러 종교와 관련돼 있다.

우리 민족과 함께 해온 종교는 토속신앙을 제외하면 크게 불교, 도교, 유교의 세 가지이다. 엄격한 자기 통제와 인격 수양을 미덕으로 삼았던 유교, 집착과 번뇌·

고통으로부터 해탈을 추구한 불교, 인위적인 행위를 멀리하는 도교, 이 세 가지 종교는 오랫동안 공존하면서 유사성을 띠게 되었다. 이러한 종교적 성향으로 우리 민족은 꾸미지 않은 자연 그대로의 순수미, 비움과 절제 등을 추구하게 되었고, 백색을 숭상하며 흰옷을 입는 전통을 이어가게 되었다.●

흰옷은 유교를 숭앙하던 조선 시대에서도 애용되었다. 성리학의 엄격한 가치관에 따라 많은 양반들이 흰옷을 입었다. 흰옷의 색깔을 유지하는 데는 노력이 필요하다. 더러우면 즉시 빨고 때가 진하면 삶아야 했다.

농사일에 바쁜 백성들까지 흰옷을 관리하는 데 많은 노력을 기울였기 때문에, 나라에서는 '백의 금지령(白衣禁止令)'을 내리기도 했다. 태조 이성계는 조선 건국 후 7년 때, 3대 임금 태종은 즉위한 다음 해에 백의 금지령을 내렸으며, 세종·성종·중종·영조·정조·고종 등 많은

● '백의민족', 한국민족문화대백과사전.

왕들이 백의 금지령을 내렸다.• 그러나 19세기인 조선 말기 우리나라에 왔던 서양인들이 조선인들의 흰옷 사랑에 깊은 인상을 받은 걸 보면, 백의 금지령은 그다지 큰 효과를 내지 못했던 것 같다.

이처럼 흰옷은 우리 민족의 정체성과 연관돼 있다. 평민에서부터 양반에 이르기까지 흰옷 사랑에는 예외가 없었다. 일제 강점기 때 조선총독부는 흰옷 착용을 금지했다. 표면적으로는 쉽게 더러워져 불결하다는 이유를 앞세웠는데, 속내는 한민족의 정신을 나타내는 색깔이기에 금지했던 것이었다. 일제는 우리의 백의 사랑을 염색 기술의 부족, 경제적 어려움, 상복(喪服)의 일상화 등등으로 폄훼했다. 흰옷을 착용한 사람의 관공서 출입을 금지시켰고, 장날 흰옷 착용자에게 먹물을 끼얹기도 했다.••

• 박남일, "우리는 왜 백의민족인가… '잿물' 때문이라고?", 조선일보, 2007.12.26.
•• '백의민족', 한국민족문화대백과사전.

하얀색은 오방색(五方色) 중 서쪽이자 금(金)을 상징한다. 오방색이란 오행사상[우주만물의 현상을 나무(푸른색, 동쪽), 불(붉은색, 남쪽), 흙(황색, 중앙), 쇠(흰색, 서쪽), 물(검은색, 북쪽)의 다섯 가지로 설명하는 사상]에서 유래되었으며, 우리나라 전통사상과 결합해 한민족 고유의 우주관과 사상을 표현하는 체계로 자리 잡았다. 우리나라를 대표하는 국기인 태극기도 오방색 체계와 음양오행 사상에 기초해 만들어졌다. 파란색과 붉은색이 각각 음과 양으로 조화를 이루고 하늘·땅·물·불이 그 주위를 둘러쌌는데(4괘), 이 모든 것이 하얀 바탕 위에 표현되었다. 여기서 흰 바탕은 광명과 정의, 순수함의 상징이다.

해방 후 우리 민족의 흰옷 착용 습관은 점차 사라졌다. 신분 사회가 해체되고 서양 문화가 들어오면서 복식 스타일이 크게 변화하게 되었다. 남성은 셔츠·넥타이·양복을 착용했고, 여성은 한복을 입다가 점차 원피스·블라우스·치마 등의 양장을 입게 되었다.

시간이 흘러 20세기 중반, 역사의 저편으로 사라졌

던 백의가 갑자기 대중 앞에 재등장했다. 디자이너 앙드레 김에 의해서였다. 앙드레 김은 흰색 옷을 즐겨 입었을 뿐 아니라 디자인을 할 때도 흰색을 많이 활용한 디자이너로 손꼽힌다.

앙드레 김은 대한민국 패션 산업의 국제화와 현대화에 지대한 공헌을 한 선구적 디자이너이다. 1962년 서울에서 첫 컬렉션을 발표, 한국 전통의 미학을 서양의 고급 패션과 조화시키는 독창적인 패션디자인을 구축하였다. 1966년에는 한국 디자이너 최초로 프랑스 파리에서 패션쇼를 개최했다. 이후 미국·일본·유럽 등 여러 국가에서 패션쇼를 개최하였다. 그는 의상을 하나의 예술 작품으로, 패션쇼를 종합 예술로 인식했다. 트렌드에 민감하기보다는 자신만의 독창적인 세계를 표현하는 데 주력했다.

앙드레 김과 인연이 깊은 스타는 팝의 황제 마이클 잭슨이었다. 그는 앙드레 김 의상을 무척 좋아했는데, 200벌 이상의 옷을 주문 제작 형태로 입었다. 전용 디자이너가 되어달라는 부탁에, 국가를 대표하는 디자이너이기에 누군가 한 사람만의 디자이너가 될 수 없다며 거절한 건 유명한 일화다. 우리나라에서도 최고의 스타들이 그와 인연을 맺었는데, 앙드레 김의 무대에 서지 않으면 스타가 아니라는 말이 있을 정도였다.

앙드레 김의 흰옷 사랑은 유명하다. 수십 년간 항상 똑같은 디자인의 흰옷을 입고 다녔는데, 한 계절에 30벌씩, 계절에 맞게 소재를 달리해서 옷을 준비해 두었다. 흰색을 좋아하는 이유로, "첫눈 오는 날은 나에게 가장 기쁜 날이기 때문이다. 그날은 온 세상 사람들의 마음이 하얗고 깨끗해지는 것 같다"라고 밝혔다.● 패션쇼에서도 피날레는 반드시 하얀 커플룩이 장식했다. 그에게 백색은 단지 깨끗한 색이 아니라 순수함, 고결함, 고요함, 예술적 긴장감을 지닌 언어였다.

물론 앙드레 김이 흰옷만 잘 만든 것은 아니다. 초창

● KBS1 TV 《아침마당》, 2008.9.1.

기에는 서양의 세련되고 활동적인 여성복을 자유롭고 고급스럽게 표현했고, 전성기와 말년의 패션쇼에서는 총천연색 드레스를 극적으로 배열해 장대한 무대를 완성했다. 거대한 런웨이 무대, 화려한 자수가 수놓인 의상, 모델들의 과장된 포즈, 일곱 겹의 드레스를 하나하나 벗는 퍼포먼스, 유명 연예인이 신랑 신부로 등장해 머리를 맞대는 퍼포먼스 등은 깊은 인상을 남겼다. 세계 어느 명품 브랜드 쇼와 견주어도 손색이 없을 정도로 압도적이었다.

1991년, 초등학생이던 어느 날 인사동 거리에서 앙드레 김 선생님을 만난 적이 있다. 개인적 경험이기에 존칭을 붙이는 것임을 밝힌다. TV에서 보던 유명한 분이 눈앞에 있으니 어린 마음에 그대로 얼어 버렸다. 당시 아버지가 꼬깃한 종이 한 장을 가지고 계셨던 덕분에 간신히 사인을 받을 수 있었다. "훌륭한 패션 디자이너가 되세요"라고 느릿느릿 말씀하시며 사인해 주시던 모습이 눈에 선하다.

30년 후 선생님의 말씀대로 패션 디자이너가 되고 보니 우리 민족의 전통을 선생님의 방식으로 현대화하고자 했던 디자인을 비로소 이해할 수 있었다. 어머니가 지어주시던 '흰색' 옷을 '흰색 사랑'으로 승화시킨 선생님 덕분에 한국의 미가 유지·발전되었고, K-패션이 세계로 진출하는 토대가 되었다고 생각한다.

앙드레 김 선생님의 '흰색'은, 한국 문화에서 가장 기본적이면서 모든 색과 조화를 이루는 배려의 색이었다. 가장 한국적인 것을 가장 세계적으로 만들어 주신 앙드레 김 선생님이 늘 그립다. 하늘에서 천사들의 흰옷을 지으며, 부디 행복하시길 빈다.

옷이 그 사람을 말해 준다.

The apparel oft proclaims the man.

−윌리엄 셰익스피어

25

악동 고티에의 별,
마돈나의 원추형 브라

세계적 팝스타 마돈나의 1990년 「블론드 앰비션 월드 투어(Blonde Ambition World Tour)」 콘서트에서, 전 세계 팬들은 무대에 오른 마돈나를 보고 깜짝 놀라지 않을 수 없었다. 다름 아닌 마돈나가 입고 있는 의상 때문이었다. 그녀는 코르셋 스타일의 의상을 입었는데, 가슴 부분이 아이스크림 콘처럼 뾰족한 원추형(Cone Bra)였다. 이 브라는 불릿 브라(Bullet Bra), 즉 가슴 부분을 총알의 끝처럼 뾰족하게 만든 브라를 말한다. 일반적으로 여성의 브라가 동그란 컵케이크 모양인 걸 감안하면, 대단히 파격적인 의상이었다. 그녀는 그 의상 외에 아무것도 걸치지 않았는데, 섹슈얼한 매력을 최고의 무기로 삼는 슈퍼스타 마돈나에게 가장 잘 어울리는 무대의상이라 할 만했다.

이 옷을 만든 사람은 누구일까. 바로 프랑스의 괴짜 패션 디자이너 장 폴 고티에다. 그는 '패션계의 악동'이라는 별명답게 기존의 패션 원칙을 깬, 독특하고 도발적인 디자인의 의상을 만들었는데, 그중 하나가 1940~50년대에 미국에서 유행했던 불릿 브라를 가져와 마돈나의 의상으로 부활시킨 것이었다. 본래 불릿 브라는 제2차 세계대전 때 미국 군수공장에서 일하는 여성들이 다치지 않게 하려고 만들어진 실용적 물건이었는데, 전쟁 후 여성의 성적 매력을 드러내는 아이콘으로 발전하였다. 1950년대에 크리스찬 디올의 뉴룩(New Look) 패션과 조화를 이루어 잘록한 허리와 볼륨을 더한 스커트 그리고 몸에 꼭 맞는 상의 안에 받쳐 입던 불릿 브라는 1950

년대 특유의 모래시계 실루엣을 완성하는 필수 아이템이었다. 마릴린 먼로, 라나 터너와 같은 헐리우드의 섹시한 여배우들이 불릿 브라를 전파한 일등공신들이다.•

과거의 여성은 정숙함, 수줍음, 섬세함, 성스러움 등으로 표현돼 왔다. 성적 욕망을 가진 독립된 인간으로 인식되기보다는, 누군가의 아내이자 아이의 어머니로서의 이미지가 강조되었고 그러한 사회적 역할에 충실할 것을 강요받았다. 남성적 시각에서 여성의 몸, 그중에서도 가슴은 늘 선정적이며 감춰야 하는 대상이었고, 가슴을 도드라지게 옷을 입거나 유두를 드러내는 것은 금기였다. 1950년대 불릿 브라의 유행은 여성이 자신의 성적 매력을 과감히 드러내는 자기표현의 수단이 되는 한편, 가부장적 성관념에 규정된 여성성의 표현이라는 양가적 의미를 지녔다. 때문에 1960년대 이후 페미니즘 운동이 확산돼 인위적으로 여성의 몸을 억누르는 문화에 대한 비판이 커졌고, 패션 트렌드가 변화하면서 불릿

• 김소연, "브라렛 다음은 이거! '불렛 브라'가 패션 트렌드로 떠오른 이유", 코스모폴리탄, 2025.8.9.

브라는 점차 자취를 감추게 되었다.

그렇다면 장 폴 고티에가 불릿 브라를 부활시킨 이유는 무엇이었을까. 그는 뷔스티에(Bustier)에 불릿 브라를 적용해서 만든 의상을 마돈나와 백댄서들에게 입혔다. 뷔스티에란 가슴을 올리고 몸통을 조이도록 만든 속옷으로, 브래지어와 코르셋이 결합된 형태이다. 그는 어린 시절 할머니가 뷔스티에를 입는 걸 도와준 경험이 있다고 한다. 본래 코르셋은 여성 운동가들에게 여성을 억압하는 상징으로 비난의 대상이 되었다. 하지만 고티에는 어린 시절 할머니가 입은 뷔스티에를 보면서 강인한 여성의 표상처럼 생각했고, 이런 인식이 파격적인 뷔스티에를 디자인하게 된 계기가 되었다. 그에게 불릿 브라는, 여성이 (남성의 시선에 입각한 게 아니라) 스스로 당당하게 성적 매력을 드러내는 상징이었다.

고티에의 이색적인 도전은 이뿐이 아니다. 남성용 치마, 패션쇼 무대에서 시니어 모델 도입, 프랑스 전통 해군 유니폼에서 착안한 마린 룩, 코르셋 입은 남성과 슈트 입은 여성 등 성별 경계의 무너뜨림 등 패션사에 길이 남을 역작이 그를 통해 탄생했다. 남녀의 전형적인 아름다움을 표현한 게 아니라, 금기시되어 오던 걸 밖으로 꺼내놓는 방식이었다. 최고 명품으로 손꼽히는 에르메스는 그의 혁신적인 시도를 높이 사서 2003~2010년까지 여성 기성복 라인을 맡기기도 했다.

불릿 브라가 가진 의미 때문일까. 2025 미우미우 F/W 런어웨이에서 불릿 브라는 또 다시 부활의 신호탄을 쏘았다. 얇은 니트 속 뾰족한 불릿 브라를 입은 모델들이 무대를 당당히 걸었다. 쇼를 마친 뒤 미우치아 프라다는 "이 어려운 시기에 우리에게 여성성이 필요할까요? 우리를 위로할 수 있을까요?"라고 기자들에게 질문했다고 한다.• 21세기에 들어서도 불릿 브라가 여성들의 마음을 사로잡을 수 있을지 지켜볼 일이다.

• 황혜원, "총알 브래지어, '불릿 브라'가 돌아왔다는 의미", 보그지, 2025.4.16.

마돈나의 원추형 브라는 아름다움을 넘어선 파격이었고, 여성의 몸에 대한 고정관념을 깨는 상징적인 사건이었다. 팝스타 마돈나를 여성의 독립적 위상을 부각시킨 전사이자 히어로로 격상시켜 준 패션 아이템이었다. 마돈나는 이러한 패션을 통해 기존의 여성상에 도전하고, 여성의 주체적 자아를 강조하며 새로운 시대의 패션 아이콘으로 자리 잡을 수 있었다. 이토록 혁신적인 시도를 해낸 고티에에게 일부 페미니즘 운동가들이 "여성에게 코르셋을 입혀 성적 이미지로 소비시킨 여성 억압의 상징"이라고 질타했다고 하니, 안타까울 뿐이다.

사람들은 너무 규정되어 있어, 슬프다.

People are so codified – it's sad.

—장 폴 고티에

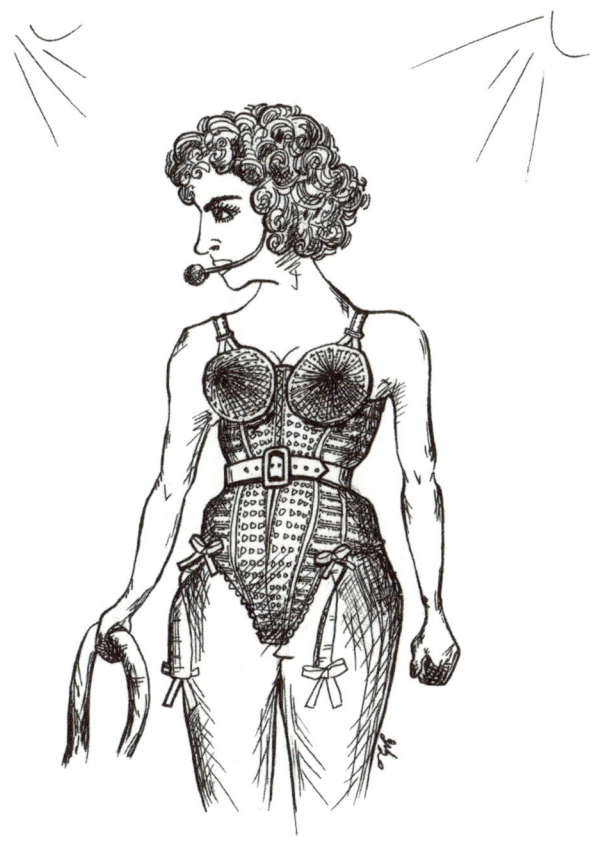

26

조선의 갓,
21세기를 사로잡다

 넷플릭스 드라마 시리즈 《킹덤》은 조선시대판 좀비 이야기이다. '생사초'라는 풀을 먹으면 좀비가 되는데, 관절이 꺾이거나 부러지고 심지어 창과 칼을 맞아도 죽지 않고 움직이고 인육을 먹기 위해 사람에게 달려든다. 생과 사의 처절함, 권력에 대한 지독한 욕망, 불합리한 신분제도 등 다양한 시대적 이슈를 조망했으며, 권력층의 탐욕으로 인해 고통받는 백성들의 모습을 좀비로 구현해 좀비 영화의 새로운 장을 열었다는 평가를 받았다.

《킹덤》에서 특히 해외팬들이 좋아했던 것은 갓이었다. 소매가 넓은 도포를 입고 챙이 넓은 갓을 쓴 왕세자 이창(주지훈 분)이 근사하다는 반응이 많았다. 이창이 쓴 갓은 말총으로 만들어진 흑립으로, 조선 시대 양반들이 외출 시 가장 많이 쓴 모자이며 옻칠을 했다는 의미로 칠립이라고 불리기도 했다. 갓 외에도 벼슬아치들이 공적인 자리에서 착용한 사모, 사대부가 평상시 집안에서 착용한 정자관, 무신들의 전립, 임금이 쓴 익선관 등이 시청자들의 관심을 끌었다.

우리나라 복식사를 논할 때 모자, 즉 머리쓰개를 빼놓을 수 없다. 모자의 기원은 삼국시대 이전까지 거슬러 올라간다. 『삼국지』「위서 동이전」에 의하면 부여인들이 모자를 금과 은으로 장식했다는 기록이 있다. 삼국시대 남성들이 다양한 모자를 착용했다는 사실을 고분벽화나 유물, 기록을 통해 확인할 수 있다.

고구려에는 새의 꼬리나 금속으로 만든 깃이 달려 있는 조우관, 고깔 형태의 절풍, 얇은 비단인 나를 사용한 관모인 나관 등이 있었고, 신라 시대 남성들은 유자례라고 불리는 관과 흑건을 썼다. 고려 남성들은 각이 지고 윗부분이 평평한 관모인 복두, 두건 형태의 문라건 등을 썼다. 문라건의 경우 삼국시대부터 조선 초까지 널리 쓰였는데, 머리에 쓴 다음 뒤에서 끈으로 묶는 형태였다.

고려 후기 원나라 간섭기 때는 말총으로 만든 몽골식 모자인 발립이 사용되었는데, 발립은 머리 부분이 둥글고 꼭대기에 구슬이 달린 형태였다. 고려 말에는 성리학의 전파로 학자와 선비가 복건을 착용했다. 복건은 두상을 감싼 부분, 고정시키는 끈, 등까지 늘어뜨린 천, 이렇게 세 부분으로 구성돼 있다. 조선시대에까지 쓰였으며, 학자들뿐 아니라 성년에 이르지 않은 사대부 자제가 예를 갖추고자 착용했다. 또한 조선시대 관리들은 복두에서 파생된 사모를 일상적으로 착용했다.●

우리 역사상 존재했던 모자를 살펴보면 종류가 너무

● '모자', '복두', '사모', 한국민족문화대백과사전.

많아서 헤아리기 힘들 정도다. 가히 '모자의 나라'라고 불릴 만하다. 모자를 착용한 이유는 머리를 보호하고 단정하게 관리하기 위한 것이었으며, 계급과 경제적 능력을 표현하는 도구이기도 했다. 대개 왕족과 귀족들이 가죽, 비단 등을 소재로 한 모자를 썼다면 서민들은 삼베, 나무껍질, 짚으로 엮은 모자를 썼다.

고구려 고분벽화에는 갓의 조상이라고 부를 법한, 넓은 챙이 달린 모자를 쓰고 말을 탄 사람이 그려져 있다. 이 패랭이 형태의 모자가 시대의 흐름에 따라 변화하다가 조선 시대에 이르러 갓으로 완성된 것으로 보인다.

갓은 조선시대 성인 남성이 쓰던 관모로, 머리를 덮는 부분(모자)과 얼굴을 가릴 수 있는 양태(챙)로 이루어져 있으며, 모자와 양태가 구별되지 않는 방갓형과 모자와 양태의 구별이 뚜렷한 패랭이형의 두 종류로 구분된다. 사극에서 뭔가 비밀스러운 일을 하는 남성이 잘 쓰고 다니는 삿갓이 방갓형의 갓이고, 패랭이형으로는 패

랭이, 초립, 흑립, 전립, 백립 등이 있다.•

우리가 갓이라고 부르는 것은 흑립을 말한다. 남성들은 신분고하를 막론하고 성년이 되면 상투를 틀게 되는데, 사대부들은 망건을 두르고 탕건을 쓴 다음 그 위에 갓을 썼다. 망건은 상투를 유지하기 위해 이마에 두르는 머리띠이고, 탕건은 말총을 소재로 하여 앞쪽이 낮고 뒤쪽이 높은 모양으로 만들어진 모자이다.

조선 초기 관리들은 갓을 쓰고 궁궐에 들어갈 수 있었지만, 태종대에 평상복 차림에 쓰는 것으로 바뀌었다. 갓은 사회적 신분과 예를 드러내는 용도로, 유교 질서가 엄격했던 조선 시대에 남성의 체면과 위신을 상징하는 필수 복장이었다. 챙의 넓이, 갓끈의 재료에 따라서 신분이나 부유함 정도를 알 수 있었다.

신분이 높은 이들은 호박·산호·수정·옥 등의 보석으로 만든 갓끈을 사용했다. 사대부의 흑립에 대비되는

• '갓', 한국민족문화대백과사전.

것이 서민들이 쓴 초립으로, 짚을 짜서 만든 것이다.

갓은 조선 시대를 잘 보여 주는 문화적 상징이었다. '갓 사러 갔다가 망건 산다', '급하다고 갓 쓰고 똥 싸랴' 등과 같이 갓과 관련된 속담이 많고 판소리나 방각본 소설 등에 갓과 관련된 풍자가 기록된 걸 보면, 갓은 우리 민족의 일상에서 떼려야 뗄 수 없는 존재였음을 알 수 있다.

하지만 일제 강점기에 이르러 조선의 관습과 전통 의복이 탄압을 받았고 서양 복식 문화가 들어오면서 갓의 실용적 사용은 급격히 줄어들었다. 그럼에도 여전히 전통 예술과 문화 행사, 영화나 공연 등에서 한국 고유의 멋과 정신을 나타내는 상징으로 남아 있다.

갓은 형태적으로 독특하다. 머리에 쓴다기보다는 얹어 놓은 형태라 여느 모자들처럼 머리를 보호하거나 햇빛을 가리는 기능적인 면보다는, 신분을 표현하고 예의를 갖추는 면이 강하다. 유난히 넓은 챙, 앞쪽으로 갓끈을 늘어뜨리는 것, 갓이 날아가지 않도록 별도의 끈으로 고정하는 방식은 다른 나라에서 유사한 사례를 찾기 힘들다. 갓은 엄격한 예절과 절제된 생활을 추구한 조선 사대부와 잘 어울리는 모자라고 할 수 있다. 미학적으로 뛰어나고 품격이 있다.

오늘날 우리 갓의 전통을 지키고자 하는 노력이 꾸준히 이어지고 있다. 1993년 개관한 서울 서초구 소재의 예술의전당 오페라하우스는 갓 형상의 지붕으로 유명하다. 초등학교 4학년 때 사생대회에 출전하기 위해 오페라 하우스를 간 적이 있는데, 담임 선생님이 알려주어 지붕을 보고 놀라워했던 기억이 있다. 건축학적으로 평가할 눈은 없지만, 우리의 자랑스러운 문화를 이런 방식으로 표현할 수 있다는 게 신기할 따름이다. 또한 국가무형문화재 박창영 장인과 정춘모 장인 등 갓 장인들은 수십 년간 전통 기법으로 말총과 대나무를 수작업으로 엮어 갓을 완성해 내고 있다.

국립중앙박물관은 갓 모양의 커피잔, 키링, 브로치, 볼펜 등의 굿즈를 출시했다. SNS에는 굿즈 구입 인증샷이 이어지고 있다. 특히 MZ 세대를 중심으로 전통 소재를 현대적으로 재해석한 상품에 열광하면서, 갓은 하나의 스타일 아이템으로 떠올랐다.

대중문화 속에서 갓의 등장은 더욱 흥미롭다. BTS 멤버 진은 해외로 출국하는 공항패션으로 도포와 갓을 선택해서 화제가 된 적이 있었다. 진은 미국 단독 콘서트 때 도포와 갓을 착용하고 무대에 서기도 했다.

BTS는 '아이돌(IDOL)' 뮤직비디오에서 도포를 변형한 재킷, 두루마기 등을 착용했고, '버터(Butter)' 뮤직비디오에서는 국보 1호 숭례문 앞에서 파랑·흰색·빨강·검정·황색 등 오방색을 활용한 슈트를 입었다. 2018년 MAMA 무대에서는 북춤(삼고무)과 부채춤, 탈춤 등 한국 전통문화를 바탕으로 한 화려한 무대를 선보였고, 화려한 문양이 새겨진 두루마기를 걸치고 나와 강렬한 인상을 남겼다. 스트리트 댄스의 매력을 알리는데 기여한 《스우파 3》에서는 갓을 쓴 댄서들이 대거 등장해 전통과 현대의 경계를 허물었다.

2025년 6월에 공개된 넷플릭스 영화 《케이팝 데몬

헌터스》 열풍으로, 전 세계는 다시 한번 한국 문화에 열광하게 되었다. 영화 OST 중 〈골든(Golden)〉은 빌보드 차트 1위를 차지하는 기염을 토했으며, 갓과 한복 등 한국 복식에 뜨거운 관심이 쏟아졌다. 수많은 외국인들이 한국을 찾아와 한국 문화를 체험하고 있다. 갓을 쓰고 한복을 차려입은 외국인들이 고궁을 배경으로 사진을 촬영하는 게 익숙한 풍경이 되었다. 한국인으로서 가슴이 뿌듯해지지 않을 수 없다.

한국에 대한 세계인의 관심이 높아지는 만큼 우리 문화를 알리기 위한 노력은 계속되고 있다. 2025년 10월 BTS 멤버 뷔는 보그 월드 패션쇼에 참석했는데, 이때 한국 브랜드 제이백쿠튀르가 제작한 의상을 착용해 화제가 되었다. 한복의 도포를 연상케 하는 코트에, 옥 장식이 달린 붉은색 매듭 허리끈을 착용했고, 머리엔 갓과 유사한 형태의 중절모를 매치했다.

2025 경주 APEC 정상회의 환영만찬에서는 지드래곤이 공연을 펼쳤다. 이날 지드래곤은 길게 늘어진 진주 장식에 넓은 챙의 검은색 모자를 쓰고, 검은색 벨벳 슈

트를 입었다. 재킷에는 데이지꽃 브로치와 붉은색 보타이를 매치했고, 허리엔 하늘색 커머밴드를 했다. 의상의 색깔을 살펴보면 검은색·흰색·파란색·붉은색으로 태극기를 이루는 색상이다. 모자는 해외 브랜드인 루슬란 바진스키 제품이었지만, 영락없이 갓을 연상시켰다. 전 세계 주요 정상이 모인 자리에서 한국 문화의 위상을 높이기 위해 선택한 의상임을 짐작할 수 있다.

갓은 더 이상 구시대의 유물이 아니다. K-콘텐츠 속에서 살아 움직이며, K-팝과 K-댄스, 굿즈, 공연예술 등 다양한 문화 영역으로 확장되고 있다. 대한민국이 전 세계에 위상을 떨치며 문화강국으로 우뚝 선 모습을 우리 선조들이 본다면 뭐라고 하실까. 하늘에서 춤을 추실지도 모른다. 나도 모르게 어깨가 으쓱해지는 시절을 살고 있다.

패션은 사라지지만, 스타일은 영원하다.

Fashion fades, only style remains the same.

―코코 샤넬

에필로그

나에게 옷은 가장 친한 친구이다.

24시간 나와 함께하며 때로는 포근하게, 때로는 담담하게, 때로는 당당하게 나를 표현케 해준 것이 옷이었다. 옷을 통해 나를 드러내기도 하고, 때로는 옷 속에 숨어 다독임을 받으며 살고 있다. 그렇기에 패션학자나 디자이너의 시선이 아닌, 옷을 입고 살아가는 인류의 한 사람으로서 '일상의 옷' 이야기를 하고 싶었다.

옷은 인간이 숨을 쉬는 모든 순간에 늘 곁에 있었다.

의식주에 옷이 포함됐다는 것은, 인간이 살아가는 데 있어 옷이 그만큼 필수적이라는 의미이다. 신분이 높은 이들을 위한 사치품이 아니라 모든 사람의 삶에 함께하기에 그만큼 무게감이 있다. 태초부터 지금까지 인간의 필요와 욕망을 모두 채워주었고, 이제는 환경 보호를 위해 또 다른 관점에서 바라봐야 하는 존재이기도 하다.

인류는 과거에도 입었고 오늘도 입고 있으며 내일도 입을 것이다. 그래서 함께함을 위한 연구는 필수다. 옷을 공부하고 가르치는 사람으로서, 더 나은 방향성을 찾아가는 데 미력하나마 힘을 보탤 것이다.

책을 마무리하면서 진심 어린 감사를 전하고 싶은 분들이 있다. 사랑하는 가족들, 존경하는 강재식 원장님과 김혜경 원장님, 늘 도움을 아끼지 않으시는 송혜련 교수님, 박두경 교수님, 정현숙 교수님, 디자이너의 기회를 주신 김영수 대표님과 김동회 대표님, 송영규 대표님, 김숙경 대표님, 나의 제자들, 디애소미 옷을 사랑해준 고객들과 아름다운 시니어 모델들, 이분들이 있었기에 내가 존재할 수 있었음을 고백한다. 아울러 책을 집필할 수 있도록 용기를 준 해뜰서가 박보영 대표님에게도 감사의 인사를 전한다. 지면상 여기에 표현치 못한 분들에게도 마음을 다해 인사를 전한다.

Finally,
Thank you, God! I can do all this through him who gives me strength.